U0506199

SAME AS MIGRANTS, DIFFERENTIALS IN CITY LIVES

时空视角下
城乡移民青年城市权益的
差异性研究

异乡人
亦不同

Rural-origin
Migrants' Differentiated
Entitlements From
a Spatial-temporal
Perspective

张舒婷 著

社会科学文献出版社
SOCIAL SCIENCES ACADEMIC PRESS (CHINA)

序　言

Space has always been political and strategic.

—Henri Lefebvre，1996

自 20 世纪以来，急剧发展的"全球化"及"城镇化"使得移民的生活空间与城市权益成为一个具有现实意义的话题。在一些拥有大量移民的西方国家，其政府会制定相应的移民身份制度，以实现移民的社会福利成本与其带来的经济效益之间的平衡。移民如何获取制度身份并实现社会福祉？如何改变城市空间？移民经历了哪些排斥？空间内移民日常生活何以构建社会文化？这些议题成为不同领域学者贡献有益见解的"星火"。

本书亦是讨论"移民"，但与西方国家的移民研究有明显不同，本书聚焦的"移民"不是跨越国界的群体，而是我国城镇化发展过程中尤为重要的、由农村到城市实现空间跨越的群体。在过往丰富的研究中，根据户籍属性以及主要职业类型，这一群体被贴上"农民工"的标签。他们在社会经济、文化层面遭遇冲击，经历着快速城镇化所带来的"阵痛"，因而受到学界与实务界的关注。然而，随着社会经济的发展，以及城乡移民就业方式的多元化，越来越多的人开始意识到

"农民工"的标签已无法完全阐释这个持续跨越农村和城市空间的特定群体。渐渐地，过去对这一群体的学理化认知已然跟不上这些城乡移民，尤其是其中的青年群体的日常生活实践的发展。城乡移民青年在城市实际获取权益、个人发展、与城市的情感联结，以及定居意愿等方面存在巨大差异，在此情况下，重新审视城乡移民青年的实践并将其学理化便成为撰写本书的动机。

城乡移民青年城市权益的主题给予了学者广阔的探索空间。譬如，权益对制度身份的黏性使学者们不可避免地要讨论地方的身份制度、福利制度，以及置于社会结构中的权力互动问题。这些议题固然重要，但正如本书附录中有关方法路径的详尽阐释所提及的，笔者的田野调查始于自己熟悉的"附近"场域。由此及彼，笔者认为对城乡移民青年城市权益的实际情况应该从他们所熟识的"附近"空间里的实践去了解，因为他们实际获取的权益不应只是制度界定的文本内容，而更应当是人们在具体空间内的行动、关系、情感等共同构建的生态，这成为本研究的一个认识论基础。近年来，越来越多的学者提出"附近"在城镇化、城市治理与社区营造研究实践中的重要性。比如，项飙就提出"附近"这一对于认识社会关系与行动的重要视域，以及有关当下"附近消失"的反思。严飞也指出"附近"具有社会性与情感性，"附近"空间内的日常叙事与流动性场景是锚点，是不同个体延续性社会关系的交接点，可以成为研究者们探索社会经验与秩序问题的新方向（严飞，2022）。早在 20 世纪 90 年代初，地理学家 Doreen Massey（1991）就以自己所居住的 Kilburn High Road 为例去反思我们所处的全球化时代。那是一条位于伦敦东北角再普通不过的小街，报刊亭、邮箱、小剧院、商店，以及上空日常飞过的起降于希斯罗机场的飞机都映射着这个社区的无限空间延展性，而她这篇名为"A Global Sense of Place"的文章对研究全球化下城市空间的学者们产生了深远影响。以上学者的研究观点启发了笔者，于是，在田野调查阶段，笔者尤其关注个体与所在空间的联结，这些联结包括个体与家乡的联结、与所在城市各类组织的联结，以及个人发展与城市空间的联结。这些实证观察与目标城市身份制度一同构建了本书的核心论点。

由此，笔者认为城乡移民青年的城市权益存在显著差异性，且这些差异性也反向塑造了多元化的城市空间。随着研究结论的形成，笔者不禁回想起列斐伏尔的观点，即"空间"总是具备政治性和策略性的（Lefebvre，1996）。

本书是一项采用移民空间内"附近"视角且重视目标群体自我叙事的质性研究。在田野调查过程中，笔者与受访者之间的信任是此项研究能够顺利完成的根基，而这份信任的建立在很大程度上在于笔者对研究对象——城市中的城乡移民青年有着天然的共情。方法学家 Robert K. Yin 提出"No lens is free of bias"，也就是说，质性研究者自身的生活经历会影响到其研究视角、数据的选择，以及对研究结论的解读（Yin，2011：272）。诚然，笔者认为这正是质性研究的魅力所在。然而，研究者也必须清楚并厘清自己生活经验所带来的一些偏差，这或许是质性研究者必备的基本职业素养（Cresswell，2007：208；Merriam，1988）。笔者的个人成长也正处于我国社会城镇化快速发展时期，身边曾有亲戚去他乡求职谋生，笔者自己也通过高考离开老家去大城市上学，取得研究生学位后有幸留在母校四川省社会科学院任职，并在各种机缘巧合之下一直开展关于城乡移民青年、城市空间与排斥、社会政策等领域的研究，这些经历让笔者对城乡移民青年、移民空间，以及相关制度背景有了基本的认知。但是，以上经历仅仅局限在"观察者"的身份视角，后来笔者远赴海外留学似乎才在真正意义上踏出自己的"文化舒适圈"，积累了作为一名"他者"的主观体验。在海外学习的那些年，笔者除了有"博士生"的身份外，他乡的日常生活实践不断提醒笔者，在异国，自己身上还有"外国人""旅居者""少数族裔""母职"等标签，难免偶尔有不适感。但与此同时，这些"他者"的生活经验使笔者对"权益""边缘群体""刻板印象""差异性"等概念有了更深刻的理解，丰满了对自己所研究的群体的认知。后来，当笔者返回国内的田野场去审视特大城市里这些城乡移民青年的日常生活时，对移民生活的共情让笔者与受访群体非常容易地建立起自在且可靠的联系。

在此，笔者诚挚感谢这些受访者的倾情分享。没有他们的贡献，本书不可能顺利完成。出于研究伦理，恕笔者在此不能向慷慨给予自己许多启发的受访者一一致谢，但感激之情铭记在心。笔者也深感荣幸能在研究结束以后仍然与许多受访者保持联系，这样的友谊弥足珍贵。同时，笔者也要感谢黄进、张雪梅、王楠、雷建、李明丽、刘伟、陈序等老师在本研究的田野调查阶段提供的支持与帮助。本书大部分撰写工作是笔者在上海大学社会学院访问期间完成，感谢张海东老师允许笔者在上海新的社会阶层研究中心学习。中心办公室里那些关于城镇化、社会阶层、社会空间等议题的藏书像是为笔者的研究主题特意挑选一般，给本书的撰写提供了许多智力支持。笔者尤其感激责编孙瑜博士在本书撰写过程中所提供的专业意见与情绪支持。职业发展道路上能得到这份理解与支持难能可贵，笔者将带着这份温暖继续前行，希望通过自己的不懈努力也能成为给予他人力量的人。

随着全球化与城镇化的发展，人们越来越容易获得跨空间的旅居体验，或许你我都是城市里的"异乡人"，但每个人的禀赋、生活经验、社会经济环境又使我们那么不同。在此情境下，城乡移民群体的异质性、城市空间与权益的延展性、福利制度与权益实践的本土化将越发成为具有现实意义的议题。笔者希望本书能给同行提供一些数据与观点，并敬请学友们批评指正。

张舒婷

2023 年 9 月　上海

目　录

1

导论 日常生活中的城乡移民青年 城市权益实践与异质性

改革开放 40 多年以来，我国社会经济全面发展，取得举世瞩目的成就，其中城乡流动人口的贡献功不可没。城乡流动人口曾被学界、政策界，以及大众媒体广泛称作"农民工"，特指"户籍仍在农村，在本地从事非农产业或外出从业 6 个月及以上的劳动者"。[①] 这一称谓的来源是城乡流动人口的制度身份为"农民"，却从事着非农业的工作，并且曾经在城市空间内的经济、社会、政治、文化各个方面都处于边缘化的状态（Chan，2009；Xu，2016）。在此背景下，"农民工"在城市空间的福祉得以问题化和学理化。然而，笔者在本书中使用"城乡移民"而非"农民工"一词去界定这一目标群体，很大程度上也与研究动机紧密相关。首先，"农民工"的提出主要还是基于"城乡二元"的制度身份理论范式。然而，在历经户籍制度深化改革以及城乡移民群体或就业范式发生嬗变的情境下，"农民工"不足以代表城乡流动人口这一群体所有职业类型，且他们的制度身份与权益实践的强相关也逐渐式微。于

[①] 国家统计局关于"农民工"的界定，更多详情请参考以下链接：http://www.stats.gov.cn/sj/zxfb/202304/t20230427_1939124.html。

是，以往广泛应用的"城乡二元"理论视角不能够合理解释当下中国老百姓复杂的制度身份与权益实践现状。同时，正如大量文献所记录的那样，"农民工"在与勤劳、温顺、有韧性的群体特质相关的同时，也经常遭遇污名化，被赋予了消极的价值判断（Fan，2004；Roberts et al.，2004；Wang and Fan，2006；Sun，2009）。相比之下，"城乡移民"一词仅描述这一群体在"城市－农村"不同空间流动的事实，不仅避免了用职业类型标签化研究群体，而且弱化了"农民工"概念所蕴含的文化倾向，因此可以比"农民工"更为准确地描述本书的研究群体。此外，本书对"青年"群体也有具体限定。国内外关于年轻人权益与福利支持的探讨大多集中在"18～24岁"年龄组（比如在国际组织 International Labour Organisation 的各项报告中）①，与此同时，在我国政策领域，尤其是在群团青年工作实务方面，一般将青年定义在"35岁以下"年龄组。本书讨论的研究群体基本参照我国政策实务工作的标准，即关注35岁以下、户籍在农村或实现"农转非"户籍的第一代移民。需要特别说明的是，笔者之所以选择涵盖第一代"农转非"户籍青年的样本，是因为移民青年"户籍状态"实质是一个动态的变量，更为丰富的样本可以帮助笔者理解移民青年对"户籍"以及"户籍"绑定的权益之下的理性判断与选择动机。比如，现在拥有农村户籍的青年有可能会在未来选

①　International Labour Organisation 是关注劳动与就业的国际公益组织，这一组织产出的各类研究报告均将青年劳动力的年龄界定在"18～24岁"。比如在最近公布的研究报告"Global Employment Trends for Youth 2022"中亦有提及，全文链接请参考：https://www.ilo.org/wcmsp5/groups/public/---dgreports/---dcomm/---publ/documents/publication/wcms_853321.pdf。

择定居城市且迁户，同时，对于已然完成迁户的移民青年，其行动背后一定有合理的动机。当然，从本研究最终获取的样本来看，完成迁户的移民是少数（只有 3 名受访者），年龄也没有完全恪守"35 岁以下"这一限定。根据附录中关于本研究方法途径（附录 1）的论述，读者朋友们可以了解到本研究遵循了扎根理论的方法途径，数据收集和分析迭代发生、环环相扣，一些年龄略超过 35 岁的受访者不仅在本研究数据收集工作中成为关键中间人，而且提供了构建"移民生活""城市权益""阶层跃迁"等主题并产出研究核心论点的关键数据。

　　本书是基于笔者 2018～2020 年在锦城①陆续开展的田野调查以及受访者追踪访谈数据产出的研究成果，主要采用扎根理论的方法路径，并以地方为基础（place-based），开展了对锦城的城乡移民制度身份与城市权益实践的探索。通过数据的迭代收集和分析，笔者最终确立了三个田野场：花镇、西部工业园和新城，体现了迥异的移民空间特征和城乡移民权益实践的生态。

研究背景及问题提出

　　作为观察者和参与者，笔者在过去十年的学习和工作经历中也曾了解到城市与农村之间公共产品与社会权益的差距、城乡移民在城市空间的边缘化状态，以及制度壁垒对城乡移民阶

---

　　①　出于学术伦理的考量，本书已对研究里出现的地点、人名、机构名做了化名处理，且书中列出的相关人物的年龄和经历年限等，计算截止时间为 2020 年。

层跃迁的影响。与此同时，学界已有丰富的研究去揭示以上社会现象与户籍制度下的城乡二元理论范式紧密相关。户籍制度在我国历史悠久，最早可追溯到夏朝，并被广泛认可为我国社会组织社会生产和分配的重要制度（陆益龙，2004；Wang，2005；Young，2013）。尽管如此，学者对户籍制度的探讨大多聚焦在其作为最重要的公民身份制度与公民权益实践之间的关联。当代户籍制度发展通常被划分为两个关键阶段：改革开放前时期（1949～1978 年）和改革开放后时期（1978 年至今）（Solinger，1999；Wang，2005；Young，2013）。从中，我们不难看出"改革开放"是户籍制度发展的里程碑。自 1978 年改革开放以来，党和政府调动所有有利因素积极发展市场经济，其中户籍制度改革是最重要的一环。自此，城镇化进入飞速发展的阶段，同时也释放了大量的农村转移劳动力，为我国的社会经济发展作出了重大贡献。然而，学者们认为城乡二元户籍制度不仅直接造成了国人制度身份的城乡区分，而且建构了社会权益的城乡区分（Chan，1994；Whyte，1996；Knight and Song，1999；Solinger，1999；Chan，2009），并带来了很多衍生的社会问题，比如城乡移民的"污名化"（Yan，2003；Pun，2003；Anagnost，2004；Sun，2009）。于是，在此情境下，农村与城市户籍人口被广泛认为是拥有不同制度身份与社会权益的两个群体。

然而，近年来，无论是制度还是实践都证明城乡二元理论范式不再适用于审视当前城乡移民的社会权益。首先，需看到制度的转变，我们应重视中国主要大城市近年来的户籍改革日趋权益本土化。正如许多学者指出，地方政府在获得更多经济上的自由裁量权的同时，也承担了更多的财政和社会责任，因此显得对城乡移民所带来的经济效益以及相应福利成本的考量尤为谨慎（Chan and Buckingham，2008；Zhang and Wang，2010）。在此背景下，我们看到了更多关于"制度身份本土化"的实践，包括"居住证制度"与"积分制"的执行（Zhang，2012；Young，2013；Zhang，2018）。很多学者对此保持尤为谨慎的立场，认为"制度身份本土化"在实践中已然成为一种有效的治理术，可以筛选出那些具有较高教育水平、专业技能，以及物质条件优越的移民，同时又将那些相对较弱势的城乡移民排斥在外（Zhang，2018；Young，2013）。于是，即便这些城乡移民都拥有"农村户籍人口"的制度身份，但他们在城市空间日常生活中实际获取的权益有可能不尽相同。在当前实现全体人民共同富裕的战略目标下，以上经验观察则成为学界探讨缩小区域发展差距和居民生活水平差距、公共服务均等化、共同富裕实现等重要议题的突破口之一。

事实上，这些关于实践的挑战并非我国社会独有，海外学界也对全球化与现代化背景下的城市空间的制度身份以及附属社会权益有广泛讨论，并积淀了丰硕成果。自英国社会学家马歇尔确定了制度身份的经典理论范式以来（Marshall，1963），这个议题已然成为一个活跃的跨学科研究领域。一些定义制度身份的要素被广泛应用，比如"成员资格"（membership）（Goldman and Perry，2009：3）以及与之相关的社会权益。但随着社会的发展，当前社会成员资格与权益不再受限于马歇尔所提出的制度身份经典范式，而通常与目标群体在日常生活中的实践息息相关。比如，学界将"身份"的研究拓展到多个群体之间的各种实践，并尤其关注社会权益的实际分配和群体之间的互动关系（Isin，2002；Lazar，2008；Holston，2009a）。受这些研究的启发，本书认为成员资格与权益确定的"身份"逐渐发展为两个方面：一是当地户籍制度与其他移民政策定义的制度身份与相关权益；二是城乡移民在日常生活中实际获取的权益。这一认识论指导着本研究的后续数据收集与分析过程。于是，本书讨论的内容集中在城乡移民在城市空间的制度身份、社会权益以及日常生活中的实践。

其次，城乡移民群体的变化是开展本研究的另一动机。首先，由于中国飞速的城镇化，城乡移民的规模随之不断扩大。根据《2022 年农民工监测调查报告》的数据，2022 年全国农民工总量 29562 万人，比上年增加 311 万人，增长 1.1 个百分点。① 除 2020 年由于新冠疫情，城乡移民总量首次出现下降（比 2019 年减少 517 万人）以外，这一群体的规模基本每年都有增加。而联合国经济和社会事务部的《世界城市化前景》②公开数据显示，中国自 1978 年改革开放以来，城市居民数量一直在快速稳步增长，尤其在 2011 年，城市居民首次历史性地超过了农村居民。城乡移民规模的显著增长在移民政策上也有所反映。自 2010 年以来，中国主要大城市都展开了主导权益本土化的户籍制度改革以及移民人才的竞争，执行了许多地方权益实践的试点政策，比如"居住证制度""积分制""人才计划"等。由此，我们可以看出中国的制度身份与附属的社会权益本土化特征逐渐显现。

---

① 《2022 年农民工监测调查报告》，中国政府网，https://www.gov.cn/lianbo/2023-04/28/content_5753682.htm。

② "World Urbanisation Prospects Region", by the Department of Economic and Social Affairs of the United Nations，https://population.un.org/wup/Countrye-Profiles/。

再次，除了规模的增加，城乡移民内生异质性也越发明显。他们的禀赋、从事的职业、就业方式等发生显著变化，用单一的城乡二元制度身份或是"农民工"去界定这一群体似乎不太合理。关于城乡移民的内生异质性，学界有大量的文献聚焦在其代际差异上。比如，第一代移民的迁徙动机主要是收入驱使，正所谓"离土不离乡"，而新生代城乡移民则更多期待获取专业技能和职业升迁、个人发展机会（Chan and Selden，2014）。与此同时，与父母辈不同，新生代农民工面对劳动权益不公正的情况通常会采取更为积极的立场，不仅会表达不满，而且会采取要求合理工资和更好福利的行动（Leung and Pun，2009；Chan，2011；Chan and Selden，2014）。此外，与城乡移民被污名化为"素质低"或"文化低"的刻板印象不同，《2022 年农民工监测调查报告》显示，城乡移民中受教育程度为"大学本科及以上"的比例显著提高，这些禀赋上的差异都提醒着学者们与政策制定者们需要重新审视城乡移民群体的特征以及当下相关政策与实践。此外，除了代际差异，这一群体开始显现更多内生异质性。国家统计局在 2017 年第十二届全国人民代表大会第五次会议的人大代表建议复函中提到城乡移民内生异质性对统计工作的挑战，并提到需随着社会发展及时完善"农民工"的定义。尽管城乡移民（农民工）在第二产业就业人数依然占较大比例，① 仍然存在刻板印象将他们等

---

① 根据《2022 年农民工监测调查报告》数据，2022 年农民工在第二产业就业的人数比例为 47.8%，其中制造业就业人数占 27.4%，同比增加 0.3个百分比，建筑业就业人数占 17.7%，同比减少了 1.3 个百分比。在第三产业就业人数比例为 51.7%，包括了批发和零售业、交通运输仓储和邮政业、住宿餐饮业、居民服务修理和其他服务业。

同于"蓝领工人"，但事实上，2022 年的数据已经证实在服务业从业的城乡移民人数超过了工业就业的人数，且他们的职业也越发多样化，包括大量的自雇人员、灵活就业者、社交媒体上的主播以及电商从业者。因此，国家统计局认为用"农民工"这个关联行业类型的概念去界定城乡移民在当前全国统计工作中显然是一个巨大挑战。① 以上内容不断提醒着笔者在探索当前中国社会制度身份以及权益实践的课题前，需要考虑城乡移民群体的内生异质性这一重要因素。

以上列举的这些因素成为这个研究课题的起点，并使得本研究分析内容不断聚焦，但这并不足以成为整个研究的理论框架。过往的研究经验以及对已有研究的了解，丰富了笔者对中国社会城乡移民制度身份与权益现状的敏感性，从而鼓励笔者进一步探索其在城乡移民日常生活中的实践。基于此认识论，本研究最终选择扎根理论（grounded theory）作为主要方法路径。虽然扎根理论不要求研究者采用任何已有的理论框架来进行数据采集与分析，但是也并不意味着课题的执行可以放任自流。在遵循扎根理论方法学家们（Patton，2002；Padgett，2004；Bowen，2006；Bryant，2017）关于"敏感概念"（sensitising conceptions）在扎根理论研究里的应用，笔者也梳理了一些与本研究密切相关的"敏感概念"，以丰富对本课题研究对象与研究内容的了解，增强在田野调查阶段的敏感度（sensitivites）以及质性研究的严谨性（rigour）。首先，作为一项以城乡移民

---

① 《对十二届全国人大五次会议第 6307 号建议的答复》，国家统计局网站，https：//www.stats.gov.cn/xxgk/jytadf2020/rddbjy2020/201710/t20171017_1758336.html。

社会权益为对象的研究，本书首先探讨了学界有关城乡移民研究的主要分析视角，包括属下阶层理论研究、"素质"理论研究、空间理论研究、劳工研究，以及有关差异化身份权利的研究思路。这些理论范式均在数据收集和分析、理论构建阶段给笔者提供了启发性的视角。其次，作为定义城乡移民制度身份的政策依据，笔者还将展示与分析目标城市的户籍制度与移民政策。以上内容将在随后的章节中逐一展开。

除了笔者对现有理论或概念的敏感性以外，研究问题也是课题数据收集与分析的重要指南。因此，本研究的核心问题是：目标城市的城乡移民青年如何在日常生活中实践其成员资格与社会权益？基于此，笔者拓展出几个子问题：（1）当地户籍制度与移民政策是如何定义制度身份与相关权益的？（2）城乡移民青年是如何在日常生活中实践自己的城市权益的？（3）社区内其他主体如何对待城乡移民青年？（4）城乡移民青年的权益实践是否呈现差异化？

研究方法路径：扎根理论

尽管既往研究为中国社会城乡移民城市权益研究领域提供了诸多宝贵数据与理论，笔者认为任何单一理论框架不足以解释当下新情况，比如移民内生异质性增强、自我身份认同的差异、普遍性制度身份与实际权益的区别等新议题。于是，笔者最终选择扎根理论为本研究的主要方法路径，希望站在学界前辈的肩膀上，提供给学界一些从田野场的第一手数据资料建构起来的理论建议。

扎根理论方法路径强调数据驱动（data driven）和迭代归

纳（induction）的方法逻辑。因此，研究者对现有理论范式的敏感性、研究问题，以及田野场的第一手数据都会对数据分析以及后续理论建构产生重要影响。

书中的实证数据的时间跨度为 2018 年至 2020 年。其中，实地田野调查主要集中在 2018 年 1 月到 2019 年 1 月，在田野调查以后，笔者陆续采用了网络民族志以及线上访谈等方式去补充目标社区与目标群体的相关数据。所采集的数据覆盖了新冠疫情前后两个不同时间段，不仅让笔者与目标对象建立了质性研究中尤为重要的融洽关系（rapport），而且为构建关于城乡移民城市权益的"时间性"和"空间性"的相关理论奠定了数据基础。本书的方法路径，比如本研究采用哪种模型的扎根理论、数据采集和分析具体实现路径、如何确保研究的严谨性以及研究伦理考虑等内容，均在书后"附录 1"部分进行了具体完整的呈现。

在扎根理论的方法论中，许多方法学家认为"敏感概念"对此类研究尤为重要，尤其对于很多抽象的研究内容，比如"文化""体制""社会结构""伦理"等（Blumer，1954；Patton，2002；Bowen，2006）。因此，笔者也跟随这些方法学家的步伐，深入研究了"敏感概念"在数据收集与分析阶段的作用，这些概念很大程度上引导着笔者去理解田野场中庞杂的数据资料，以及明确后续数据收集和分析的边界和方向。

这项研究并没有采用任何既定的理论框架，而是研究问题、研究者对相关领域重点概念的"敏感性"引导着笔者沿着"数据采集 – 再次分析 – 数据采集 – 再次分析"的迭代过程逐步建构三个不同特征的移民空间，以及实现本研究实证数据的理论分析。这种"数据导向"和"迭代归纳"的方法路径符合扎根理论的基本要求。同时，值得注意的是，书中三个案例的数据采集步骤并不相互独立，笔者在三个不同移民空间的访谈几乎都存在时间重叠，这样数据采集的方式才使扎根理论过程中的"持续性比较"（constant comparison）得以实现。只有通过三个案例迭代的比较分析的路径，才能够启发笔者不断调试问题并完善数据，最终达到"理论饱和"（theoretical saturation）并实现研究终止。

第一章 城乡移民问题的主要研究视角及差异化身份权利

"敏感概念"由社会学家布鲁默提出。与"限定概念"（definitive concept）相反，布鲁默认为"限定概念提供了关于'看什么'的指导，而敏感概念则提供'哪些应该被看到'的方向"（Blumer，1954：7）。他身体力行地提供给学者们很多关于敏感概念使用的实例，包括如何解构"文化""制度""社会结构""风俗"等概念。此外，布鲁默还指出，这些概念"缺乏明确参考，并且没有基准去识别和界定特定实例及其内容。相反，它们依赖于对相关性的一般感知"（Blumer，1954：7）。此后，很多学者便跟随布鲁默且遵循他的步骤，使用"敏感概念"来执行扎根理论研究（Patton，2002；Bowen，2006）。这些预设性概念的熟悉程度被认为是一个很好的研究起点，是潜在的解释依据，可以"引起对社会互动重要特征的关注，并在特定情境下为研究提供指南"（Bowen，2006：14）。本文方法论路径采取的是具备数据导向、归纳逻辑为特征的扎根理论，于是敏感概念的采用对后续数据采集与分析、理论建构均起到举足轻重的作用。在这一章，笔者将呈现此项研究的"敏感概念"，分别有属下阶层理论（subaltern theory）、"素质"理论（suzhi theory）、空间理论（space theory），劳工研究视角（labour studies），以及差异化身份权利。需要厘清的是，本研究并未采取以上任一理论视角作为主要的概念框架，但这五种理论思路都对笔者的理论"敏感性"提供了帮助，使本研究数据采集更聚焦，数据的分析与解读更有学理基础。笔者在附录部分对研究方法有更为详尽的阐释。

属下阶层理论视角

在大量关于中国农村城市移民的文献中，属下阶层研究是一种重要的分析视角。"庶民"一词最早由意大利政治哲学家安东尼·葛兰西在他的第一本《狱中札记》中使用（Gramsci，1995：Notebook 1，note 48，note 54；Green，2002）。随后，这个术语被拓展应用于比喻或隐喻意义下的属下社会群体或阶级（Gramsci，1971，1995：Notebook 3，note 14），包括"奴隶、农民、宗教团体、妇女、不同种族和无产阶级"（Green，2002：3）。值得注意的是，葛兰西对属下阶层研究最重要的贡献在于方法论。他提出了一种属下阶层历史学的方法论，其中基于庶民群体的存在和历史发展的转型策略至关重要。葛兰西指出，属下阶层群体可以从"原始"的从属地位发展到自治地位，他写道，"历史学家必须记录和发现从最原始阶段开始走向完全自治的发展线的原因"（Gramsci，1971：Notebook 25，note 5）。"位置"是庶民研究的一个关键主题。根据葛兰西的观点，后殖民群体的社会地位不仅可以是转变的，而且可以在不同程度或阶段上得以发展（Green，2002：15）。

葛兰西关于庶民阶层的见解激发了以下研究者的灵感。自20世纪70年代以来，一些南亚历史学家常常利用这个术语来研究后殖民主义。《属下阶层研究》（*Subaltern Studies Volumes*）系列的编辑 Guha 将庶民群体定义为"人民"（people）或"非精英"（non-elite）。他认为，"属下阶层在历史上'独立地'行动，也就是独立于精英阶层之外"，并且他们的政治建构了"一个自主的领域，因为它既不起源于精英政治，也不依赖于后者的存在"（Guha，1980：3 - 4）。然而，与葛兰西相反，Guha 认为"源于属下阶层政治领域的倡议不足以将民族主义运动发展为一场全面的民族解放斗争"（Guha，1980：6 - 7）。基于反帝国主义行动的丰富历史记录，属下阶层群体过于分散，无法有效地形成国家解放运动，尽管他们有自己的意识（Guha，1980：6 - 7）。Guha 在印度历史记录中举出了大量例子，解释了为什么"第三阶层的话语"（tertiary discourse，即由历史学家对不相关事件的解释构建）代表了"属下阶层"（Prakash，1994）。

这些讨论与 Gayatri Spivak 关于属下阶层群体的思考有一些相似之处。Spivak 对于属下阶层群体的讨论聚焦于他们的意识、所属社会位置和代表性。在她最有影响力的文章《属下阶层能说话吗?》（Can the Subaltern Speak?）中，她回顾了福柯和德勒兹对于知识分子和权力的批评，认为受压迫者，如囚犯、士兵和学童等的政治呼吁是通过知识分子的具体经验得以表达的。因此，对于 Spivak 而言，福柯和德勒兹似乎都没有意识到知识分子可以帮助强化被压迫者的立场。在更多的印度社会案例的支持下，她指出属下阶层者不能发声——被殖民者不仅在精英中很少留下或根本没有存在的痕迹，而且属下阶层群体的代表性被嵌入了主流话语之中（Spivak，［1988］2003a）。

与葛兰西和 Guha 相比，Spivak 更关注属下阶层的定义，而非"地位"（positions）。她认为，属下阶层不仅仅是被压迫的群体，还是一个没有政治组织和代表的群体。因此，属下阶层的关键在于代表和组织。对于葛兰西和 Guha 的讨论中的一些属下阶层群体，例如无产阶级，在 Spivak 看来不是属下阶层，因为这些群体被组织起来了（Green，2002：18；Spivak，1990；De Kock，1992）。根据 Spivak 的看法，一旦无产阶级被组织起来并且能够代表自己，他们就不能再声称是属下阶层群体。值得注意的是，尽管 Guha 和 Spivak 对属下阶层的定义存在不同观点，但他们都承认在特定条件下将属下阶层转化为主导群体的可能性。例如，Spivak 说："当一个'属下群体'的成员与公民权及制度化交互过程中之间建立起沟通路径时，'属下阶层'已被纳入通往霸权的漫长道路。"（Spivak，1999：310；Green，2002：19）尽管 Spivak 不同意葛兰西关于"分阶段发展"的观点，但她支持源自这一观点的属下阶层转化的可能性。然而，对于葛兰西而言，这种方法，即"一种沟通路径"（a line of communication），相当于"政治斗争"（Green，2002：18 – 19）。

以上这些关于属下阶层研究的见解深刻地影响了中国城乡移民研究。基于中国社会制度的现实，学者广泛引用城乡二元结构去解读中国人的实际权益。在此背景下，与城市居民相比，来自农村的移民在城市空间里被边缘化，包括教育、就业、住房、社会保险和医疗服务等方面（Solinger，1999；Chan and Buckingham，2008；Chan and Selden，2014）。此外，从属下阶层研究的角度来看，城乡移民较城市居民而言，其制度身份与权益的日常实践均处于从属地位。

除了农村城市移民的次要地位，学者们还讨论了城乡移民是否可以作为属下群体发声——这是属下阶层研究中的一个经典问题。对此，研究者通常从两个角度探讨这个问题。第一，作为属下阶层群体，城乡移民是否具有意识？第二，他们如何表达自己的意识？关于第一个问题，许多研究都揭示了城乡移民的身份认同或自我意识。在由北京大学中国国情研究中心于2004年主持开展的有关全国分配公平感的调查中，中国人口被分成了三个广泛但独特的社会群体，即城市居民、移民和农民（Wang，2010）。许多研究已经证明，户口制度在制度层面上区分了城乡居民的权利，一道无形的制度身份壁垒也形塑了他们的禀赋与社会流动方式的差异（Chan，1994；Whyte，1996；Knight and Song，1999；Wu and Treiman，2004）。在此背景下，有学者在论及移民面对不平等的心理状态时指出，"移民非常清楚自己在城市中由于农村出身而处于低地位，他们也表达了对基于群体成员身份的歧视的关注和不满"（Wang，2010：238）。基于大量的调查数据，Wang认为移民确实具有对自己社会地位认知的意识。当然，这并不意味着所有的农村城市移民都应该被认为是属下群体的代表。正如Sun在《中国的属下阶级：城乡移民》（*Subaltern China：Rural Migrants*）一书中解释道，"在资本积累的时代，中国工人永远不可能是单一的实体"（Sun，2014：38）。正因如此，本研究在数据收集和分析的过程中将寻找移民的异质性。葛兰西认为，属下阶层群体可以具有转化力量，因此属下群体被认为是一个社会群体。如果强调这个群体内的差异特征，移民的属下性将变得更加复杂，因此，笔者认为需要重新界定或进一步澄清当下城乡移民的阶层状态。

学界现有很多文献亦可回答第二个问题。正如前面提到的，自我表达的路径在属下阶层研究中至关重要。许多学者批判性地讨论了知识分子和属下阶层自我表达之间的差异。比如，Guha 的"第三阶层话语"和 Spivak 对"知识分子具体经验"的批判表明知识分子非但不能真正代表属下阶层群体的意识，反而强化了其主导群体的地位。尽管如此，在方法论层面上，有学者仍认为解读精英对属下阶层的认识是必要的（Spivak，1988；Chakrabarty，2000）。正如 Spivak 所说，属下群体的意识是"构建在符号链上"（Spivak，［1988］2003：224）。精英的解释对于全面理解属下地位至关重要，即使他们不能真正代表属下阶层。此外，研究人员建议当代属下阶层研究需要转移方法论范式，即从文本和历史转向"民族志、实践、日常生活和在地性"（Chatterjee，2012：49）。这些建议拓展了属下阶层研究的领域，激发更多的研究人员探索"人们自我表达的实践"（Chatterjee，2012：49）。

以上方法论的建议激发了学界对中国城乡移民研究的探索，许多学者进而审视农民工自我意识表达的方式。在潘毅的研究中，她探讨了女性城乡移民（1990 年代出现的"打工妹"群体）所面临的多重压迫（Pun，2005）。在分析支配者与"打工妹"之间的互动时，她选择分析打工妹的日常叙述和行为，包括梦境、尖叫、昏厥、痛经、"自我"在工作场所中的内在纠结和反抗。她引用詹姆斯·斯科特（1990：4 – 5）的概念，指出"隐藏的转录"（hidden transcripts）或"基础政治"（infrapolitics）可以被每个属下阶层群体创造，不仅可以在支配者背后行动，还可以公开地挑战和破坏他们的权力（Pun，2005：195）。同样的，在 Sun 的研究中，她通过分析农民工的纪录片、政治文学、摄影以及农民工文学来探讨农民工的从属地位（Sun，2014），揭示了社会弱势群体如何与支配群体协商两者间的从属关系。

属下阶层研究及其在中国背景下的相关应用启发了笔者对本书的撰写。基于日渐显著的移民群体异质性，城乡移民的社会境遇似乎也在发生改变，需要学界去重新审视和定义。同时，在城乡移民异质性的情境中，我们可以合理地假设移民的自我意识和表达也相应趋于差异化，于是他们表达、协商、实践他们"属下"地位的方式也可能会有所不同。此外，属下阶层研究的视角给予了笔者方法论层面的灵感，尤其是研究者的自我反省（self-reflexivgity）和对研究对象的审视。正如Spivak所说，"不是研究'属下阶层'，而是学习他们"（Spivak，2005：483）。由此，本研究特别关注城乡移民自我阐述的质性资料以及他们与其他群体的差异化互动，而非将分析局限在政策和"支配者"或"主导者"的话语之中。

"素质"理论视角

受Raymond Williams的著作（2014）《关键词》（*Keywords*）的启发，一些学者认为"素质"是理解中国治理和相关社会情境的关键词（Kipnis，2006；Jacka，2009）。由于"素质"是探讨中国城乡移民在城市之间权益的一个关键词，笔者将在此对其起源、争论和见解稍作阐释。

学界对"素质"的渊源进行了系统研究。"素质"一词的使用可以追溯到公元前3世纪，那时"素"意味着"纯净、朴素或白色"，"质"意味着"内在的品质或固有的性格"（Lin，2009：6）。学者Kipnis认为在中国自春秋战国时期以来，"素质"是"素"（su）和"质"（zhi）这两个字的复合词，意思是"某物的未经修饰的本质或特点"（Kipnis，2006：297）。这些是从词源上对"素质"这一概念进行注解，然而在当代中国社会对素质的应用则有更丰富的内涵，并深度融入政策与社会文化，备受学界关注。例如，Jacka 认为，"素质"指的是人类身体和行为的内在和培养出的物理、心理、智力、道德和意识形态品质（Jacka，2009：524）。根据这些特点，学者们认为，"素质"已经作为某种治理方式被使用和发展，以生产和再生产不同民众之间的界限和层次差别。因此，该术语对理解本土语境下的制度身份与相关权益起着至关重要的作用。

学界有翔实的讨论证明当代"素质"表现出的意识形态源于清末和民国时期（Kipnis，2006；Sigley，2009）。在接连不断的外国入侵和内部战乱中，知识分子不断寻找应对各种危机的有效路径。在如此情境下，知识分子引介了经典的西方作品和思想，如通过翻译赫伯特·斯宾塞和托马斯·赫胥黎的学说著作向中国社会介绍了社会达尔文主义。当时，社会达尔文主义被视为解释西方帝国主义成功的学说，并影响了当时的社会进步思潮（Zarrow，1997：15）。这些学说的启发，知识分子们提出了改进计划——改革派思想家们呼吁提高人口的整体素质，以摆脱当时"东亚病夫"的形象，进而使中国不再受到列强欺辱（Sigley，2009：542）。这一思潮还引发了一系列实践，譬如，梁启超主张晚婚来维护女性的健康，进而保障国家的整体福祉（Sigley，2009：541）；还拥护康有为提出的备受争议的"人种改良计划"（Kipnis，2006：305）。自那时起，强调人口"质量"便成为"一个构建国家实力的新维度"（Sigley，2009：542）。

　　除了对中国人身体素质的关注，早期现代中国的新儒教（Neo-confucian）所强调的个体自我约束和道德自主也促进了"素质"话语的构建。在此情境下，汉学家沙培德（Peter Zarrow）认为中国人的"身份"被概念化为个人品质，"自律"的道德准则被整合到"民族性"中（Zarrow，1997：XXV）。杜赞奇还提到，唯意志论的意识形态恰当地回应了将中国推向"文明国家"的紧迫感（Duara，1995：139 – 141）。由此，即使在现代中国的早期阶段，"素质"概念也反映了个人、国家和民族的特定道德准则。

　　时至当代中国，"素质"概念的应用始于 20 世纪 80 年代的大规模计划生育政策（Anagnost，2004；Kipnis，2006，2007）。有很多学者从"素质"话语的角度探讨中国转型时期的治理、人们行为和社会文化的互动，并引发了重要的争论，其中最有影响力的一派观点是将"素质"视为一种新自由主义，代表人物包括严海蓉（2003）、潘毅（2003）、Anagnost（2004）和 Sun（2009）。这些学者认为，"素质"是人类主体性的一种价值表达，经历了"价值化"（valorisation）和"拜物教化"（fetishisation）的过程（Yan，2003：494）。以中国城乡移民为例，他们认为，"素质"成为一种生物政治策略（biopolitical strategy），定义了城乡移民的"身体"，并允许其从一类"身体"向另一类"身体"转移剩余价值（Pun，2003；Anagnost，2004；Sun，2009）。随着身体价值赋值编码的过程，"素质"话语合法化了社会分层以及社会治理。某种程度上，"素质"反映了发展主义为基础的治理力量（Anagnost，2004：202）。这个观点不仅适用于农民工，而且还延伸到其他群体的实践，如中产家庭的教育焦虑（Tomba，2009）和儿童的教育权益差异化（Kipnis，2006；Woronov，2009）。因此，"素质"话语在社会中普遍引起阶层流动的焦虑，成为一种约束个体行为和政府治理的技术手段。以上对于"素质"的新自由主义视角的解读，批判性地指出了从身体价值赋值编码到资本积累的过程。正如一些学者指出，"素质"话语暗示了新自由主义发展所创建的一种人类品质的等级排序，使得虚假的比较成为可能（Anagnost，2004）。

　　然而，学者们也对这些新自由主义视角的"素质"解读进行了批判。Jacka虽然承认了身体赋值编码的解释，但她对将"素质"与新自由主义联系起来提出了质疑。如前所述，有学者阐述了"素质"话语如何在中国历史上作为"自律"的一种内在化，尤其举例新儒家主义，于是，Jacka认为"素质"叙事与中国社会先贤们倡导的伦理精神实质上是前后呼应的，这在一定程度上可以解释"素质"话语在华人文化里的可识别性和功能性（Jacka，2009：527）。与此同时，Sigley也认为尽管最近与"素质"话语相关的社会治理被学界一部分学者标记为"新自由主义"，但实际上这些实践充满了中国特色社会主义的理论精神。对于社会主义市场经济来说，技术科学对人体和行为的规范与社会主义计划经济时期一样重要（Sigley，2009：538；Jacka，2009：529），这些视角与实践显然和新自由主义有所不同。

　　同时，一些学者转向研究支撑素质叙事的结构性因素。例如，Kipnis通过实证数据指出将"素质"概念描绘成以"责怪受害者"话语（blame the victim）为代表的新自由主义观点并站不住脚。他解释道，"责怪受害者"话语起源于美国里根政府对福利政策中"福利妈妈"（Welfare Moms）的批评。对此的一些批判观点认为将受害者的劣势地位归因于他们的懒惰是不合理的，"责怪受害者"的话语忽略了产生不平等的那些结构性因素（Kipnis，2007：389）。Kipnis 认为"责怪受害者"类的新自由主义注解并不能完全等同于中国语境中的"素质"话语。中国的"素质"叙事不仅与结构性社会因素强相关，而且各种实践证明它还进而强化了社会分化的结构性因素。对此，学界进一步提供了解释相关社会问题的结构性因素视角下的素质研究，这些结构因素包括城乡差异（Pun，2003；Sun，2009）、民族差异（Friedman，2004），以及基于"地方"（place）的差异（Sun，2009）。

另一个有关新自由主义视角的批判主要针对其试图将素质与市场交换价值等同起来的立场。Anagnost（2004）和严海蓉（2003）认为"素质"映射出残酷的新自由主义经济理性，体现在从被"贬低"的移民提取其剩余价值以进行资本积累的压榨行为的动机，以及将移民儿童排斥在"素质"培养的机会外，但对中产家庭的孩子进行充分投资的各种实践。然而，广泛的文献表明"素质"研究涉及太多面向，根本不能进行单一维度概念化或理论化。许多实证研究对此提供了更为丰富的案例以阐释"素质"的视角。在哈尔滨市开展的一项案例研究中，学者指出当下社会存在一种个体户群体被想象为"富有但素质低、有失道德的群体"，而大学毕业生却被认为是"高素质、道德水准高的群体"的现象（Hsu，2006；Kipnis，2007）。在本书后续章节中，我们也可以看到本研究的数据不谋而合地佐证着"素质"话语在城乡移民的日常生活中，以及政策实务界的广泛应用，比如，城市居民抱怨城乡移民的"素质"低，来自农村地区的移民青年运用"素质"来规范自己与其他人的日常生活，以及政府官员也按照"素质"对移民进行分类管理。这些日常实践证明"素质"在当代中国社会逐渐成为一种流动的符号，与人们的外表、行为、教育、成就，甚至生活方式紧密相关。

基于这些讨论，我们可以看到"素质"概念很难用一个固定范式来解释。正如笔者在导言中提到的那样，为了研究不同群体之间的城市权益的边界，不能忽视对移民制度身份的分析，尤其是当地户口制度和其他移民相关政策的讨论。很显然，对于这样一个研究目标，"素质"理论的视角是不足以作为本书关于城乡移民青年城市权益与实践的主要解释框架的。然而，我们必须承认"素质"话语为本研究的数据分析提供了有启发意义的视角。因为它聚焦社会阶层与流动，并帮助学者们理解当代中国社会的社会治理、移民实践与伦理道德等更为广阔的情境。在后续的章节中，我们将看到，研究地点中的各种移民相关政策都起到了"吸引移民人才""利于人才竞争"的功能，其中"素质"可以理解为这些政策的关键指标。尽管我国政府在城乡统筹、户籍深化改革、社会权益与公共服务均等化等方面作出了诸多突破，并取得了前所未有的突出成绩，但在权益本土化日渐显著的背景下，本书认为探讨移民青年地方实际权益实践是具有现实意义的。

空间理论视角

在城乡移民研究中，"空间"对于研究中国社会城乡移民在城市中的制度身份与实际权益尤为重要，尤其是各种移民社区中的权力结构与动态发展。本节将探讨"移民权益与空间呈现"相关的主要视角，并厘清"空间"（space）及相近术语的区别，探讨其在中国社会情境的应用，并阐明这些见解对本研究的贡献。理论家们认为每个人都应在城市享有权力（the right to the city）（Lefebvre，1996；Mitchell，2003；Harvey，2008）。在当前飞速城市化和全球化背景下，与社会平等和排斥密切相关的"移民和空间"主题受到广泛的学术关注。许多学者认为，"空间"不仅是静态存在的位点（passive locus）或"容器"（container），而且是一种社会变革的工具（Soja，1989；Harvey，1990；Massey，1994）。在列斐伏尔关于空间生产的开创性研究中，他认为学者的主要任务是研究空间的生产过程而不仅是观察某空间里的事物（Lefebvre，1996）。福柯也强调"空间"是任何形式的社会生活和权力实践的基础（Foucault，1984：252）。此外，张鹂着重于空间和权力实践之间的辩证关系，并解释了它们如何相互作用的"过程"——"空间通过实践和权力关系构建的同时，社会关系和政治支配也通过空间得以形塑和转化"（Zhang，2001：181）

假设我们跟随这些讨论的核心观点，认可空间是一个动态的过程，那么笔者认为"时间"这个要素在本书的讨论中也不容忽视。在许多研究中，"时间"是一个反映特定空间中权力关系和相关互动变化的重要指标。譬如，学者们用"永久的暂时性"（permanent temporariness）这个术语来描述萨尔瓦多移民在移入国社区内遭遇各种排斥与局限的状况。从中，人们可以更好地理解移民如何利用空间来建构和重构"暂时"的城市空间（Bailey et al.，2002；Tan，2020）。在大卫·哈维最受关注的著作之一《后现代性的条件》（*The Condition of Postmodernity*）中，他提出了"时间 - 空间压缩"（time-space compression）的概念，试图解释资本在后现代主义下通过空间和时间经验的调节实现了更灵活的累积（Harvey，1989b）。然而，多琳·梅西（Doreen Massey）后来提出了一些关于"时间－空间压缩"的批判性观点。她指出，我们现代社会的加速可能受经济力量的剧烈影响，但经济并不是决定我们对空间和地方产生经验的唯一因素（Massey，1994：2）。对此，梅西主要不同意从一种防御性和反应性的观点来解释"地方感"（a sense of place）。相反，她建议"理解时间－空间压缩需要进行社会差异化"（Massey，1994：2）。因此，梅西提出"时空压缩的权力几何"（power geometry of time-space compression）这一概念，阐明了人们的社会地位与他们获取经济、政治、文化和社会资源之间的联系。梅西的这些观点特别突出了我们平行的、同质的现代社会中高度复杂的社会差异。她认为不同的社会群体与这种差异化的流动有着不同的关系——"有些人比其他人更加掌握主导权；有些人发起流动或行动，而其他人则没有；有些人比其他人更容易接受它；有些人实际上被它（指时空压缩的权力几何）因禁"（Massey，1991：3）。当下，在我们所处的"时间－空间压缩"的生活世界里认识到这种不平等不仅在道德上和政治上非常重要，而且在理论上也很重要，因为人们可以从更开放的角度去理解差异化的地方、身份，以及本土性。

对"空间"和"时间－空间压缩"的批判性观点启发了本研究对田野场锦城城市权益的探讨。例如，尽管本书的目标群体具有相同的制度身份，即"城乡移民"，但由于该群体禀赋的异质性，他们在锦城的制度身份、实际权益以及日常生活中的实践均存在差异。他们呈现不同的身份认同、城市生活和定居计划。此外，对"时间－空间压缩"的批判性观点也帮助本研究理解更广泛的城乡移民差异化城市权益的现实状况。譬如，本书将讨论到移民面对不同超大型城市的制度身份所做出的理性选择。这些实证资料将引领我们重提关于移民"普遍性的身份认同"和"普遍性权益"的批判探讨。在中国社会城乡移民的日常生活实践中，他们展现出高度复杂的差异化，而"权力几何"的视角提供了审视他们在"地方""日常生活"的实质性权益的理论支持。对此，本研究的实证数据分析与理论建构深受"空间"理论启发。

此外，通过区分"空间"和与其相关的术语的内涵，空间理论使本研究得以理解城乡移民群体内部的差异化结构。在梅西关于"归属感"（sense of place）的著名阐述中，她指出了"地方"（place）和"社区"（community）这两个与"空间"有关的术语之间的区别。梅西认为虽然"社区"可以存在于不同的地方，但"地方"在某种意义上包容着具有一致性社会群体的"社区"（Massey，1994：6）。这个观点有助于本研究界定目标群体和确立方法论。一方面，户籍制度赋予了城乡移民特定的制度身份，因此他们在城市空间中被视为一个特定的"社区"。而另一方面，如前所述，农村到城市的移民之间的差异性越来越明显，因此"社区"也有内生结构。鉴于此，笔者选择从不同的"地方"来观察城乡移民的实际城市权益。

学界关于城市空间的排斥性实践的探索也有助于笔者理解和分析本研究的实证材料。例如，哈维应用"剥夺积累"（accumulation by dispossession）概念描述资本如何在全球范围内寻找新市场和资源，从而产生新的剥削关系（Harvey，2005；

Harms，2016）。同时，哈维将这些实践与边缘化的群体联系起来。正如他所强调的那样，"那些贫困、弱势及被政治权力边缘化的人们经由创造性破坏的路径（accumulaiton by dispossession）将在城市重建的过程中首先遭遇打击"（Harvey，2008：9）。研究人员往往将这些排斥性做法与城市化进程联系起来。Roy 认为全球范围内比较普遍的现象是旨在建立"世界级城市"的城市规划往往在增强城市的经济竞争力和城市景观吸引力的同时，也伴随着大规模的驱逐（Roy，2005，2011）。以全球南方的贫民窟清除行动为例，Lees 批判当前有关"贫民窟"的文献很少关注"士绅化"（gentrification）实践。她认为研究人员需要将这种现象与发展主义（developmentalism）、范畴化（categorisation）和普遍主义（universalism）的广泛批判结合起来（Lees，2012）。然而，通过驳斥欧美范例，也有学者认为城市的"士绅化"无法解释全球南方社会中"贫民窟清除"（slum removal）或"移民驱逐"（migrant eviction）的现象（Robinson，2011；Ghertner，2014）。尽管学界对"士绅化"的定义尚有争论，但城市空间的排斥与弱势移民群体的剥削之间的相关性备受关注。为了回应这些争议，学者们认为"城市革命"（urban revolution）、"圈地"（enclosures）或"剥夺积累"在有关移民被迫离开的实践研究中是比"士绅化"更恰当的术语（Ghertner，2014）。Ghertner 将以牺牲环境为代价的排斥性城市化称为"绿色驱逐"（green eviction），并指出"绿色驱逐"不仅可能没有使城市形象升级，反而会导致真正的环境威胁（Ghertner，2011）。在后续关于花镇案例的分析中读者可以更好地了解特定时空情境中各种行动者的权力关系和互动实践。

除了国外的研究，也有大量文献聚焦中国情境下"移民和空间"议题的各种实践，一些论点提供了丰富的参考，以理解农村城市移民的市民身份和相关实践。城市空间以性别、阶层和权力的方式生产和再生产社会排斥（Harvey，1990；Lefebvre，1996；Massey，1994），这也启发了中国情境下相关议题的讨论。例如，潘毅经由"地方"为基础的方法论开展研究"打工妹"的日常生活时认为这些女性移民的不稳定状态源自全球资本主义、政治经济环境与父权制的共同压制（Pun，2005）。严海蓉也展示了城乡移民女性如何在农村人被城市人贬为"他者"这一过程中展现其积极主动性（Yan，2008：Ⅷ）。还有一些研究直接将分析焦点转移到城乡移民的住房议题上。比如，研究者们界定了中国城乡移民三个主要住房来源：宿舍、租赁的非正式住房、拥有或租赁的正式住房（Liu，Wang and Tao，2013：1161）。值得注意的是，前两种类型住房的研究积累尤其丰富。例如，学者们批判性地研究了"宿舍劳动制度"（dormitory labour regime）作为中国农民工的生活空间安排。Smith 对这一话题进行了较为全面的分析。他凭借对东亚宿舍谱系学的研究认为当代中国的"宿舍劳动制度"比起偶然性来讲更加系统，其旨在"确保在短期内最大限度地利用劳动力"（Smith，2003：337）。有学者进一步认为，"混合工作－居住形式的重组是当代中国劳动的日常再生产和劳动控制与抵抗的具体表现"（Chan and Pun，2009：291）。他们认为，"宿舍劳动制度"可以被理解为一种通过生成城市地区生产和乡村社会再生产之间的隔离空间进而使移民无产化的过程（Pun and Chan，2013：181）。在生活空间对移民互动的影响方面，他们认为不同的生活空间，如宿舍，可能会以不同的方式促进移民劳动的集体行动（Chan and Pun，2009）。

其次，移民的非正式住房如"城中村"也引起了广泛的学术关注（Qi，2006）。在这些研究中，城乡移民通常居住在公共设施供给不足和卫生条件有限的房屋里（Jiang，2006；Zheng et al.，2009）。在非正式住房的特定空间内，我们了解到各种行动者如何建立复杂的关系以及权力结构如何发挥作用（Zhang，2001；Xiang，2004）。在探究移民的不稳定居住条件时，学者们试图找出影响移民在城市选择住房的因素。一些人揭示了移民在城市居住的选择取决于他们的社会地位和社会保障（Schmidt-Kallert and Franke，2012），与此同时，还有人认为收入和户口状态是城乡移民的住房受限的两个主要因素（Liu，Wang and Tao，2013）。

尽管工人宿舍和"城中村"得到了广泛的研究关系，但学界对于第三种类型的移民住房，即移民拥有或租赁的正式住房，研究尚少。笔者当然同意反映移民社会排斥地位的住房类型，比如工人宿舍和"城中村"，值得更多的公众和学术界关注，因为这些住房类型与社会排斥现象密切相关。然而，将第三种住房类型纳入这些讨论中可以更好地解释目前城乡移民的异质性。最近，中国越来越多的城市采用"人才计划"或其他移民筛选系统，如"积分制"和"居住证制度"，使正式住房对于低收入城乡移民来说变得更为难以企及。然而，租赁到或购买到正式的住房则对于受过良好教育、收入理想、拥有专业技术能力的移民来说具有很高的可行性（Li and Yi，2007）。基于这些考虑，笔者计划使用滚雪球抽样的方式来讨论三种移民空间类型：作为典型"城中村"的花镇案例、作为工人宿舍社区的西部工业园案例，以及作为"移民人才"社区的新城案例。

劳工研究视角

劳工研究理论视角在国内城乡移民研究领域不容忽视。中国已然在全球贸易中具有举足轻重的地位，于是学者们开始将中国的劳工问题与国内外社会经济的情境联系起来。Silver认为全球资本生产重心的转移将导致劳工矛盾的重心也发生转移（Silver，2003）。随着中国成为最大外商直接投资国家之一，学者们也曾预测劳工关系将成为热点（Silver and Zhang，2009）。因此，劳工研究的视角可以丰富我们对城乡移民群体意识和各种实践的认识。笔者认为当下劳工研究的文献可大致分为两个面向。第一个面向认为城乡移民是新兴的工人阶级，立论基础在于城乡移民的阶层意识以及与其他群体的互动关系。这一点与前面提及的"属下阶层"理论的主要观点不谋而合，因此，属下阶层研究核心主题不可避免与劳工研究的这一面向重叠。第二个面向则是关注与劳工有关的各种行动。这一面向的研究主要关注中国社会变革中工人运动的历史，以及那些最具影响力的典型事件。虽然笔者将现有文献分为两个面向，但这两个面向并不是完全对立的。例如，即使一些研究通过参与式观察和行动研究分析了工人行动，但作为核心议题，对工人的阶级意识的分析在研究中从不会缺席（Chan and Pun，2009；Chan and Siu，2012）。

关于城乡移民是否可以被视为新的工人阶级曾引发学界广泛讨论。Chan和Pun通过对珠江三角洲工人行动事件和其议价过程的观察认为城乡移民应该算作新兴工人阶级，原因在于城乡移民工人群体有意识地参与到许多以城市权益为基础或以阶级话语为导向的行动（Chan and Pun，2009）。Chan 批判性地指出了一些相关研究的局限性。他首先认为学者不能以工人的叙事和言辞作为"他们阶级意识的标尺"（a yardstick of their class consciousness）（Chan，2012：312）。其次，他认为阶级意识的分析需要以物质基础为基础，并在特定的政治、文化和历史背景下进行（Chan，2012：312 – 313），基于这些局限性，移民工人起初的阶级意识是有限的，因为移民工人的各种行动并不是建立在阶级身份认同之上。同时，他进一步重申，阶级应存在于移民工人的生产社会关系经验中，而不是工人的叙事和言辞之中（Chan，2012：313 – 314）。这些论述反映了阶级理论在移民劳工研究中的重要性。

另一方面，学者们的研究关注各类移民工人的行动事件（Chan and Pun，2009；Pringle，2017，2013；Schmalz，Sommer and Xu，2017）。这些研究更倾向于揭示移民工人与其他有关群体之间的互动关系、劳工行动的特征，以及"连锁反应"。Chan 和潘毅通过参与式观察分析了珠江三角洲地区两家外资企业工人的罢工事件。他们注意到"空间"对劳工动员的影响，虽然大多数劳资冲突起源于工作区域，但生活区域是动员的基础场域。之后，Chan 和 Selden 关注人口变化和移民工人的代沟对近期劳动行动的影响。与第一代移民在回到农村之前要努力"赚钱"的目标不同，他们发现年青一代移民渴望接受技术培训，发展自己的职业能力和生涯（Chan and Selden，2014：603）。他们还提到，最近的劳动争端主要涉及薪资拖欠与非法裁员（Chan and Selden，2014：607）。基于这些实证数据，研究者推断这些劳工的不满情绪主要由新生代移民工人主导，因为他们对不公正的工作环境容忍度较低，会更加积极主动地索要更高的工资和更优质的福利待遇（Chan and Selden，2014：609；Leung and Pun，2009；Chan，2011）。然而，一些学者也列举了由中老年工人组织的劳工行动的案例（Schmalz et al.，2017；Zhang，2019）。这种现象背后的原因是金融危机以后珠江三角洲地区低工资生产、失业焦虑，以及垂直职业流动的缺乏（Schmalz et al.，2017：295）。

劳工研究视角对本研究大有裨益。这种观点通过丰富的实证数据提供了关于中国产业经济、劳资关系、移民工人，以及各种群体互动的有价值信息，也帮助笔者解读本研究中的实证数据。比如，后续章节中，笔者将介绍西部工业园的案例。在这一田野场里，读者可以看到电子厂是如何通过现代工业管理技术管工人的，同时也可以了解到工人宿舍社区里的工人与其他社会组织是如何通过复杂的管理系统进行互动的。更重要的是，劳工研究理论激发了笔者对本研究的目标群体、劳动过程，以及各种行为者之间潜在紧张关系的敏感性。

尽管劳工研究理论视角拥有以上诸多优点，笔者认为劳工研究的视角并不是一个能够充分解释中国城乡移民劳动者现状的理论框架，至少对于本书是如此。劳工行动中的城乡移民有一些职业特性。比如，有研究表明，在2011年至2016年，制造业、建筑业和运输业是我国劳动力市场中产生劳动纠纷最多的三个行业，分别占总纠纷量的32%、30%和15%（Zhang，2019：123）。同时，记录劳资纠纷的现有文献大多也集中在劳动密集型制造产业当中。比如，建筑业雇主承诺只有在项目完成后才支付工资，许多城乡移民就默许了他们的工资支付时间被推迟。然而，当他们准备在年底返回农村老家时，就很容易出现被拖欠工资的情况（Halegua，2008：4）。因此，劳工研究的视角只能解释此类行业的内部动态。前面，笔者已多次强调中国城乡移民的异质性正在加剧。随后的章节中，除了劳动密集型制造业，笔者也将关注到服务业的从业人员，此外，新城案例也将提供从事"白领"工作（第三产业工作岗位）的城乡移民的有关数据。因此，笔者的学术重点并不在于劳工行动，而是在于工人与其他组织的日常互动。

差异化身份权利

"差异化身份权利"被许多学者用以分析不同社会群体之间的成员资格、权利和实践。然而，大家对差异化身份权利的理解有不同侧重点，在此，笔者将呈现两类不同的解释框架，并阐释其观点对本研究设计的启发，使读者进一步理解差异化身份权利如何作为敏感概念，激发笔者在数据收集与分析过程中的敏感性。

Iris Young 的解释模型

Iris Young 是著名的政治哲学家，由于其在女性主义理论方面的突出贡献，却又英年早逝，她尤为受到学者同行们的爱戴与怀念。关于身份权利议题，Iris Young 关于"普遍身份权利"（universal citizenship）和"差异化身份权利"（differentiated citizenship）的批判性见解成为学界高引观点之一。首先，Young 不认可对身份权利普遍性的两种解释，即"将普遍性（universality）理解为一般性（generality）"以及"将普遍性等

33

同于平等待遇（equal treatment）"（Young，1989：251）。她认为，将身份权利的普遍性定义为一般性实际上"避免和模糊一项事实，即所有经验、需求和观点都有发声且被尊重的需求"（Young，1989：262）。另外，她又主张社会可以借助差异化身份权利为社会群体差异制定特殊的权利，而不是采用"差异中立"（difference-neutral）或者"差异盲区"（difference-blind）的方式来定义身份权利（Young，1989：251）。为此，Young 列举了许多实例，比如她以 1950 年代美国种族隔离制度为例，批判了在一个充满异质性的社会中实施隔离非但没有解决不公平待遇的社会现象，可能还会产生或加强充满不公平的"特权"或"弱势"。由此，Young 提出一个有关社会正义的理想模型，即"差异中的团结"（together-in-difference）。在这一理论框架下，"身份权利可以识别群体之间差异化的同时又实现在一个共同政体下选择出聚集群体，以实现不同的'他者'聚合在一起"（Young，1999：237）。基于这些论点，学者们指出 Young 对差异化身份权利的解释实际上是指"一种有针对性的策略，主要用以对抗人为的、同质化的自由主义身份权利，以及对那些历史上被边缘化的群体实现实质性的包容"（Butcher，2021：13）。

跟随着 Young 的解释逻辑，英国社会政策学者、上议院议员 Ruth Lister 进而探讨了"普遍身份权利"与"差异化身份权利"的紧张关系。通过审视女性主义视角的身份权利，Lister 提出了"差异化普遍主义"（differentiated universalism）这一概念，作为一种"协调身份权利所蕴含的普遍主义承诺以及多样性、差异性要求"的合理路径（Lister，1998：71）。Kibe 又以日本为例，通过分析两个具有代表性的少数族群阿伊努人

（Ainu）及朝鲜族人（Korean）来解读差异化身份权利。Kibe主张身份权利并不总是一个"非白即黑"的情境（Castles and Davidson，2000：85），因此他用差异化身份权利的术语建议将"身份权利与国籍剥离，以文化多元性为目标，并积极肯定国家与非国家身份权利制度类别之间的灰色地带"（Kibe，2006：419）。

　　Young提出强调群体差异诉求的差异化身份权利模型可以得到更为广泛的应用，比如沿着性别、种族、民族、阶级以及其他指标进行融合和重构。然而，学界也对这种解释框架有所质疑。Mouffe就认为在政策实践中其实很难清楚区分并界定某一群体，因此对"差异化"的承诺实则需要一个非本质主义（non-essentialist）的政治主体概念化，这一观点揭示了身份权利多面性、流动性的特质，反映了某一社会群体的多重差异化（Mouffe，1992，1993）。对于这些有关"差异化困境"的批判，Young自己在其学术生涯后期的文献中也予以了承认和接受。由于社会群体通常没有实质性的、相互排斥的身份划分，任何试图通过一个共同的身份来定义一个社会群体的动机都有可能规范其生活经验，建立群体间的边界，并忽视那些镶嵌在结构之中的压迫、不公平以及社会排斥实践（Young，[2000]2020：389）。与此同时，Young还认为群体差异不能通过"身份"的逻辑来识别，而是应通过差异化的互动关系（Young，[2000]2020：390），因为群体本身并不构成"身份"，只有通过群体之间的差异化关系，让群体内部的人找到强烈的"亲密感"（affinity），社会群体的定位以及互动才得以建构，进而才能塑造"群体差异"的概念（Young，[2000]2020：393）。

　　Young以上的见解启发了笔者对本研究的最初构想。以往学界关于我国城乡移民青年身份权利的研究通常将他们视为一个同质化的、被边缘、被排斥的群体，旨在分析他们受到的不公平的权益对待。然而，社会福利分配的地区不平衡以及城乡移民群体的异质性，使这一议题在当前的社会经济形势下变得更加复杂。面对此情况，研究者们有可能会忽略一些城乡移民在日常生活中所经历的排斥，而且那些缩小城乡差距的身份制度改革与实践的积极效果有可能会被放大。因此，在当前探讨中国式现代化道路和共同富裕实现路径时，学界和实务界需要重视社会群体内的差异性。其中，不同群体间的互动关系是评估城乡移民在日常生活中实际获得的权益的重要视角。以上观点给予了本研究设计以启发，面对城乡移民青年群体内日益显著的异质性，学界与实务界是否忽略了那些隐藏在普遍性权益改善的成效之下的差异性分配？这一疑问引领着笔者后续所有数据分析以及理论建构。

Holston 解释模型

人类学家 Holston 长期在巴西圣保罗从事移民日常生活与权益实践的研究。他认为当代巴西的身份权利是一种具有根深蒂固的（entrenched）、反抗性（insurgent）特质的混合体（Holston，2009c），他所提出的"差异化公民身份"的框架也在学界产生了深远影响。在这一概念中，"根深蒂固的特质"是指自 19 世纪以来，巴西社会由精英阶层制定的一种差异化身份权利制度。这种制度不是为了确立国家不同成员资格的体系，而是建构了根据不同公民给予不同待遇的体制（Holston，2009a，2009b，2009c，2011），这些差异化待遇涉及教育、住房、种族、性别与职业等面向（Holston，2009b：13）。在此背景下，Holston 提出差异化公民身份指的是"社会通过建立社会限定性条件来组织政治、社会维度资源，并调节不公平的分配"（Holston，2009b：13）。另外，反抗性特质是用来描述那些试图打破根深蒂固身份权利体制的自利性公民与相关自主实践（Holston，2009b）。Holston 认为，尽管差异化身份权利的"根深蒂固的特质"与"反抗性特质"相互对抗，但也相互依存。当然，这两者是处在一种"不稳定却又相互侵蚀的连接状态"（Holston，2009b：19）。于是，差异化身份权利与反抗性身份权利（insurgent citizenship）得以共存。面对此情形，Holston 认为巴西民众可以通过一个双轨制系统来获取权利——"人们认为他们拥有权利是因为他们持有被国家认可和合法化的身份；同时，国家只赋予这些权利给合适的人"（Holston，2011：344）。

Holston 提出的这一有关差异化身份权利的解释模型在后续研究中得到大量学者的广泛采纳，并涉及不同领域的研究与实践。比如，我们可以看到人民如何采取行动以确保和争取其获取住房、基础设施以及公共产品供应的权利（Miraftab，2009；Meth，2010；Doshi，2013；Zayim，2014；De Carli and Frediani，2016；Butcher，2021）。这些例子恰恰说明了差异化身份权利在弱势群体的日常生活实践中是如何被映射、被协商、被阻碍的。正如 Butcher 所总结的，Holston 所表达的"差异化"主要是指"深度边缘化的过程，即一种合法性边缘化的政策遗产（a legacy of legalistic exclusion），以及新自由主义化以及市场化城市发展所带来的日益恶化"（Butcher，2021：13）。

以上对于差异化身份权利的解释框架强调了社会群体之间的差异性以及相应的不同利益诉求的表达。相比之下，Iris

Young 所提出的模式侧重于群体差异性所产生的特定权利的重要性。因此，Young 认为，如果弱势群体正在遭遇制度性、系统性歧视或排斥时更需要将差异化身份权利纳入学界和实务界的考量中。相反，Holston 提出的解释模型更侧重差异化身份权利制度中所嵌入的"排斥机制"（exclusionary mechanism），这些机制通过法律、制度以及社会表现来实现功能。

小　结

　　这一章主要介绍了与本研究相关的五个"敏感概念"，分别是"属下阶层"理论、"素质"理论、空间理论、劳工研究以及差异化身份权利解释框架。前面四个理论视角提供了学界对城乡移民研究的主要范式。首先，"属下阶层"理论视角与长期以来学界对城乡移民排斥在城市权益以外所持有的天然伦理关怀不谋而合。通过这一领域文献的综述与主要争论，我们可以了解到属下阶层群体是如何被鉴别，以及与其他社会群体是如何互动的。其中，我们讨论到一个很重要的核心内容，即这个阶层是如何表达自己的身份认同，这一分析视角也启发了本研究的方法论，因此在后续数据采集过程中，笔者并未先入为主地套用固定的理论框架去审视各类数据，而是聚焦目标群体城乡移民青年的叙事，从他们自身的视角去构建关于在地（locality）实际城市权益的真实状况。其次，这一章也综述了"素质"理论视角，这一理论背景与城乡移民先天禀赋、城市实际权益以及社会生物学话语多个因素相关。尽管这一理论分支不尽然适合当下城乡移民的实际情况，但其亦让笔者了然并时刻持有如此的理论敏感性。只有这样，在面临田野场繁杂庞大的数据信息时，笔者才能保持对有相关经历移民数据持有关注，同时对与理论视角相斥的数据资料持有清醒。再次，由于本研究采取了以地方为基础（place-based）滚雪球的采样方式，研究本身涉及对移民工作生活的空间环境的关注，"空间"理论视角对本研究也是必需的。同时，从后续研究过程来看，空间理论为本研究的迭代数据采集和理论建构提供了有效的理论支撑，最终的研究结论也与"空间"紧密结合。最后，城乡移民研究领域也不能忽视劳工研究范式。海内外对我国的劳工研究主要聚焦在城乡移民群体，这一视角不仅给笔者提供了劳工群体意识与行动的理论参考，同时也让笔者了解到劳资关系、国内外资本与产业变化对劳动力影响等的丰富研究内容，这显然也对于认识目标群体的实际权益以及与各方群体的互动关系大有裨益。

除此之外，这一章还从 Iris Young 以及 Holston 两位学者关于差异化身份权利的解释框架来阐释了这一概念对本研究的启发。Iris Young 所提出的模式侧重满足因为群体差异性而产生特定权利的重要性，而 Holston 更侧重差异化身份权利制度中所嵌入的"排斥机制"。这些观点提醒笔者需要注意群体内部差异性产生的不同诉求，以及当下身份权利制度中有可能被忽略的那些能发挥排斥功能（也有可能是异化）的设置。

第二章　城乡移民制度身份本土化趋势与中国实践

　　移民的身份制度过去被认为是一个有边界的社会概念，通常与国籍有关（Urry，1999：312）。然而，随着全球化的发展，许多学者认为等同于国籍的身份制度越来越与现实生活中的应用不符，于是开始转而聚焦灵活边界的身份制度（flexible-boundary citizenship）（Soysal and Soyland，1994；Rose，1996；Urry，1999；Isin，2002）。以"二战"后的欧洲为例，Soysal 等人指出以国籍为准的移民身份制度已不适应欧洲的实际情况，进而提出了"后国家成员资格模式"（post-national model of membership）的术语，旨在提出比国籍身份制度定义的成员资格具备更为灵活边界的模式（Soysal and Soyland，1994：139 - 140）。另外，学者也指出，当下不同社会情境中的身份制度实践已证明身份制度既是一个范式问题，也是一个实践问题（Soysal and Soyland，1994；Urry，1999；Sassen，2006）。于是，学界出现了各种与身份制度有关的新术语，譬如"后国家身份"（post-national citizenship）（Soysal and Soyland，1994；Rose，1996）、"去国籍身份"（denational citizenship）（Sassen，2002）和"跨国公民身份"（transnational citizenship）（Bauböck，1994；Ong，1999）。就此，学者们对身份制度"边界"的解读日趋多元化，且时常与位置（location）、尺度（scales）、领土（territories）和实践（practices）等概念紧密相关（Woodman，2018：2－3）。学界有关身份制度认识论层面上的变化实际上正在构建一个"差异化、多层次的身份制度"秩序（Bauböck，1994；Yuval-Davis，1997）。学者们认为，身份制度不再仅仅局限在国籍这个概念层面，而是进一步延伸到实务层面。譬如，越来越多的研究者开始将"地方身份制度"（local citizenship）视为一种治理术。Valverde将其与国家治理术联系起来，并认为"尺度转移"（scale shifting）已在社会治理中成为一种特定机制，使"不同尺度上运作的秩序得以共存"（Valverde，2010：234）。这些海外学者的讨论有助于我们理解中国社会当下的实践，如过去十年在各大城市的户籍制度本土化。

此外，许多研究者进一步讨论了如何运用差异化的、多层次的本土身份制度作为选择性和灵活性社会治理策略。例如，Müller认为在中国社会，区域位置的差异会决定移民获取身份制度的难度级别，他指出，"在移民迁徙过程中，区域行政级别越高，城乡移民获得制度身份与社会权益的（social citizenship）难度就越大"（Müller，2016：75）。同样，Zeuthen 和 Griffiths 也探讨了位置、制度身份和相应权益的联系。他们认为，尽管二元城乡体制在制度层面不复存在，但即便在同一地区，不同区域、不同群体之间居民实际获得的城市权益差异性依然存在（Zeuthen and Griffiths，2011）。Zeuthen 运用查尔斯·蒂利（Charles Tilly）提出的"机会囤积"（opportunity hoarding）一词来解释这种情况。他认为，正如机会囤积仅发生在一个被分类、有界限的网络中，其成员才有能获取某种资源的条件。"城市区域的划分"在当今中国社会也已经成为确保资源持续积累以及资源价值占用的技术策略（Zeuthen，2020：209－211）。

尽管对差异化多层次身份制度与相应的社会权益进行了广泛讨论，学者们近年来更关注地方实践。例如，Smart 和 Lin 运用东莞市的案例，总结了三种地方主义模式的实践，即地方资本主义（local capitalism）、地方公民身份（local citizenship）和跨地方性（translocality）。他们厘清了三种不同却又相互关联的地方主义变体的关系。

> 地方资本主义将资本主义视为从属于提供生产条件的地方社会和政治进程的实践，地方公民身份将获得权利和排斥过程视为本土实践而非国家范式内的实践，跨地方性则描述了对那些拥有资本但居住在外地的人的忠诚度要求，以及通过形象建设和社会基础设施的增强来促进地方的各种路径。（Smart and Lin，2007：280）

上述地方主义变体提供了三个综合模型，使得研究人员可以更好地理解各种行动者的参与、本地身份制度以及资源重新配置共同构成地方治理的方式。除了制度层面上的讨论，近来学界也通过分析人们在特定地点的日常生活来讨论地方身份与社会权益实践。Butcher 就通过分析尼泊尔加德满都地区不同居民的日常实践进行了差异化的公民身份的论述（Butcher，2021）。在这项研究中，Butcher 尤其强调了各种行动者的日常实践，如研究地点的城市转型进程、本地化的社会空间条件，以及长期存在的社会关系之间的复杂互动。另外，人类学家 Holston 除了分析巴西移民基于文本的身份制度之外，还分析了圣保罗这个城市里不同地方社会群体在日常生活中的各种实践，进而讨论了构建和不断重构差异化公民身份的过程（Holston，2009c，2011）。再比如，Woodman 也以民族志的研究方式分别审视了中国城市和农村两种社区类型下的身份权利与社会参与。她认为，人们日常生活中的非正式社会关系"模糊了政治服从和社会服从之间的区别"，从而塑造了地方身份秩序（Woodman，2016：357）。

这些关于"地方身份"的思考与见解增加了笔者的理论敏感性。自马歇尔公民身份理论奠定了公民身份由政治权、民事权以及社会权组成的解释框架以来，身份研究已然发展成一门融合各个领域理论的交叉学科。正如 Smart 夫妇曾建议身份制度可以从两个维度来理解（Smart and Smart，2001），即我们可以看到除了制度层面的讨论，也可以发现学界开展了广泛的研究去关注发生在"本土"的涵盖各种行动者的日常生活实践。尽管以文本为主的身份制度定义了"成员"的属性，但日常生活中实践的实质性身份则涵盖了"人们所拥有和行使的各种民事、政治、社会经济和文化权利"（Appadurai and Holston，1996：190；Smart and Smart，2001：1865 - 1866）。因此，学者们将这种认识论深嵌于他们对"地方身份"的研究。以上讨论曾启发了笔者的研究设计，于是本研究的内容不仅需关注本地的身份制度这一理论背景，同时也需要深入目标群体的日常生活中，去关注他们是如何在这个城市实践自己的城市权益，如何与社区内其他相关组织群体互动——这些都是构建"地方身份"的重要内容。接下来，作为研究的理论背景，笔者将介绍我国户籍制度的变迁历史，以及目标城市的户籍改革和与移民相关的政策。由此，我们可以看到中国社会身份制度的发展脉络，以及当前逐渐向身份制度本土化发展的现实。

我国户籍制度变迁轨迹

前文讨论到全球范围内各个地区移民身份制度本土化的实证经验或学理探讨，而户籍制度作为奠定中国居民身份与权益实践的制度，在此我们必须予以进一步厘清与分析。户籍制度并不是一个现代制度，它在中国社会有悠久的历史。当然，笔者在本小节将着重关注户籍制度所具备的治理术功能的制度传统，而不是完全从历史学的角度进行分析。学界研究户籍制度的文献汗牛充栋，但一种被广泛认可的说法是司马迁的《史记》中记载了中国古代最早的人口普查以及户籍制度，可追溯到夏朝（Wang，2005：33）。随后，不同朝代出现了不同形式的户籍制度，构成了这个制度动态变迁的历史过程，其中，常被提及的有"乡遂制"和"保甲制"（陆益龙，2004；Wang，2005；Young，2013）。乡遂制始建于西周时期，其将住户分为"乡"与"遂"两个层级的网络，并任命官员来管理当地人与各种事务，主要集中在人口迁移管理以及流放等方面（Wang，2005：34）。有关乡遂制度的记录主要出现在《周礼》中，缺乏其他实证或相关史料佐证。相比之下，保甲制及其演变则有充分的佐证，包括了人口登记、移民控制、税收、劳役或兵役征集等多个方面的内容。保甲制度最早可追溯到春秋时期，即管仲实施的具有"编户齐民"实际意义的改革（Wang，2005：34）。历经多个朝代更迭，保甲制逐渐演变成税收、社会管控、土地分配以及征兵的主要制度。尽管后续户籍制度以不同形式存在，但这些不同的制度都体现了相似的社会控制和产生制度性排斥的功能设置。有学者评论道，"人类存在路径依赖的倾向以及制度惯性的政治逻辑在合法化、强制执行制度性排斥方面起着重要作用"（Wang，2005：32）。这些制度形塑了中国社会的制度传统，对社会和文化产生了深远的影响。

在接下来的内容中，笔者将对当代中国的户籍制度按不同时期来分类阐述。学界有许多有影响力的学者倾向于将自新中国成立以来的户籍制度发展动线分为改革开放前（1949～1978年）、改革开放后（1978年至今）两个阶段（Solinger，1999；Wang，2005；Young，2013）。这种划分是合理的，自1978年改革开放以来，中国社会城镇化空前发展，经历了根本性的社会经济遽变。在此背景下，户籍制度作为社会管理以及人民权益最相关的制度也持续经历着改革，因此学界将改革开放作为里程碑事件对户籍制度进行学理探究具有重大的现实意义。然而，笔者认为，将中国当代户籍制度的发展轨迹仅分为"改革开放前"与"改革开放后"两个阶段过于简化，无法有效识别和区分不同时期国家层面的立场与制度功能。于是，为了强调不同时期户籍制度改革的特征及其影响，笔者在此将当代户籍制度发展的动线分为四个阶段。

准备和启动阶段：1949～1957年

1958年1月9日，新中国颁布的《中华人民共和国户口登记条例》被学界广泛认为是我国户口制度正式建立的标志。在此之前，政府相继颁布了一系列政策，这些政策不系统并且不时相互矛盾，因此，这一时期的政策可规整为户籍制度准备和启动阶段。20世纪50年代新中国成立初期，中国迎来了历经一个世纪的政治动荡与外强侵略后的恢复建设时期，其中城市与乡村的自由流动促进了当时社会经济的复苏（Cheng and Selden，1994）。但是，1951 年至 1952 年的"三反"和"五反"对城市经济造成严重破坏，首次在城市本地劳动力与城乡移民之间产生了紧张关系。1951 年 7 月，公安部颁布了《城市户口管理暂行条例》，成为中华人民共和国成立以来第一项与户籍相关的政策，规定了人民出生、死亡、迁入、迁出以及社会身份变动的基本内容。此外，1953 年，新中国开始实施第一个五年计划，正式确立了计划经济体制。从那时起，为了发展重工业，政府实施了覆盖全国的户口登记，也被认为是户籍制度启动的里程碑事件（Cheng and Selden，1994：654）。1953 年 4 月 17 日，国家政务院（国务院的前身）发布了《关于劝止农民盲目流入城市的指示》，开始控制农村居民的流动。随后，政府又相继颁布了一系列关于粮食配给的配套性法规，如《关于实行粮食的计划收购和计划供应（简称统购统销）的决议》（1953 年 12 月颁布）、《农村粮食统购统销暂行办法》（1955 年 8 月颁布）和《市镇粮食定量供应暂行办法》（1955 年 8 月颁布）。在执行粮食配给制度时期，这些法规无疑强化了对人口流动的控制。

严格控制阶段：1958～1979 年

1958 年起实施的《中华人民共和国·户口登记条例》将居民分为两类——"农村户口"和"非农户口"，为后续户籍制度的发展奠定了基石。在 1960 年代，为加强对国家经济和社会的管控，国家开始全面严格执行户籍制度，其中，居民的户籍状况决定了对所有消费品和公共产品的享有权益，包括人们日常定量配额供应的粮食以及其他生活必需品（Solinger，1999：44；Chan，2009：201）。1964 年 8 月，《公安部关于处理户口迁移的规定（草案）》出台。这项制度强调了针对两个方面"严格管控"：一是限制从农村户口向城市、集镇户口的迁移；二是限制集镇户口向城市户口的迁移。这项空前严格的户口迁移限制的制度彻底限制了这一时期人口的自由流动，除了数百万城市青年与知识分子被派往农村接受贫下中农的"再教育"的"知识青年上山下乡"运动，以及城市中具有专业技能的工人和专家调往欠发达边远区域与少数民族地区的"支边"（Zhang，2001：26；Bernstein，1977；Davin，1999；Young，2003；Wang，2005：48）。

改革探索阶段：1980～2000 年

自 1978 年改革开放启动以后，中国积极发展市场经济。城市地区需要大量的劳动力，尤其是沿海省份的城市群区域。在此情况下，国家不得不改革户籍制度，使大量农村剩余劳动力得以转移进城市以满足市场经济发展需要。当然，这一时期的改革是循序渐进的。1984 年 10 月，国务院发出《关于农民进入集镇落户问题的通知》，提出了一个新的户口类别，即"自理口粮户口簿"。在历经限制人口自由流动的几十年以后，这项政策被认为是一项突破性的举措，但影响也相对有限。首先，这项政策只允许那些无法实现"农转非"的农村户籍群体迁移到城镇；其次，这类迁户到城镇的移民并不能同等享受这些城镇户籍所绑定的各种社会权益（Chan，2009）。1985 年 7 月，公安部进一步颁布了《关于城镇暂住人口管理的暂行规定》，允许人们在未迁户的情况下在户籍所在地以外的地方合法居住。从那时起，一些城市开始试行"暂住证"制度，标志着社会暂住人口管理制度的确立。同年9月，第六届全国人民代表大会常务委员会第十二次会议通过了《中华人民共和国居民身份证条例》，进一步加强了人口管理。在接下来的十年里，中国的"身份证"制度也经历了一系列改革和优化。其中，值得注意的是，1999年8月，国务院发布了《关于实行公民身份号码制度的决定》，至此，每一名中国公民身份号码都是唯一且终身的。

首先，在20世纪90年代，户籍制度改革侧重小城镇区域的改革。1997年6月发布的《国务院批转公安部小城镇户籍管理制度改革试点方案和关于完善农村户籍管理制度意见的通知》使得有固定住所、稳定工作和收入的农村居民迁户至县级及以下城镇具备了法理依据。其次，户籍制度改革启动了户籍制度的本土化。在这一阶段，许多城市的户籍制度改革旨在有效解决户口迁移配额不足的地方性问题，于是，"蓝印户口"制度开始出现，并使这些实际问题得到妥善解决。起初，"蓝印户口"制度仅在一些中小城市试点执行，且效果立竿见影。正如一些学者指出，时至1993年，"蓝印户口"制度已经在十座城市执行，涉及近9万居民（Chan and Zhang, 1999：837；Solinger, 1999）。自1994年以后，"蓝印户口"制度则在包括上海、深圳、广州等几座大城市中执行。值得特别注意的是，"蓝印户口"的资格主要依据申请人对制度实行城市的贡献。比如，有文献指出"蓝印户口"赋予持有者的社会权益主要包括投资、就业、亲属投靠以及购房，保障了制度实行城市的房地产业，促进了当地经济的蓬勃发展（曹景椿, 2001：16）。

户籍深化改革阶段：2000 年以后

自 2000 年以后，中国社会的户籍制度发展进入深化改革时期，城乡移民的日常实践与身份制度之间的紧张关系日益加剧。比如，2003 年的"孙志刚事件"以后，收容遣送制度广受学界和大众媒体的关注，事件发生的同年底，该制度就被废除。此后，越来越多的身份制度改革政策纷纷出台，重点聚焦中小城市迁户，以及缓解城乡户籍权益之间的差异。

2012 年 2 月，《国务院办公厅关于积极稳妥推进户籍管理制度改革的通知》发布，该政策促使政府引导非农居民和农村居民迁移至中小城市，以消化农村居民对户口迁移的需求。随后，户籍制度改革的目标更加明确。2013 年 11 月，《中共中央关于全面深化改革若干重大问题的决定》的发布基本确定了大幅放宽建制镇和小城市的户籍限制，有序放宽了中等城市的户籍限制，合理确定大城市户籍迁入的条件，并严格控制超大城市流动人口的基本方针路线。2014 年 7 月，国务院印发了《国务院关于进一步推进户籍制度改革的意见》，除了 2013 年文件中所提及的目标以外，这项政策促进建立一个不区分农村和城市户口的身份制度，并开始全面推广"居住证"制度。2016 年 9 月，国务院办公厅印发了《推动 1 亿非户籍人口在城市落户方案》。这份文件明确中央政府旨在到 2020 年，全国户籍人口城镇化率提高到 45%。这份文件还进一步确立了应向不同规模的户籍迁移的政策目标。比如，常住人口不到 300 万的城市不应该用"积分制"来实现户口迁移；中大型城市不应该通过购房、投资或纳税来实现户口转移；大城市落户资格关于社会保险缴纳年限的要求应不得超过 5 年，而中型城市不得超过 3 年。最终，2021 年 4 月 19 日，根据国家发展和改革委员会相关公告，推动 1 亿非户籍人口在城市落户的目标顺利实现。到 2020 年底，全国常住人口城镇化率已经提高到 60%，且户籍人口城镇化率提高到了 45.4%，人口城镇化已经达到预期目标。

近期改革以及潜在紧张关系

根据前面所展示的户籍制度改革轨迹，我们可以看出户口这一身份制度已然成为一种治理术，用以组织社会的生产和再分配。这些改革基本体现的是国家层面的立场，然而，在近些年的改革实践中，我们可以看到地方政府拥有更多的自由裁量权，开展了不同阈限条件的"积分制"和"居住证制度"。正如前文所提及的，城乡二元户籍制度的确立是为了满足特殊时期重工业发展的有关需求。然而，伴随着市场经济改革的不断深化，中央政府不仅转移了许多过往集中的经济权力，而且还转移给地方政府部分财政和社会责任。在这种情境下，地方政府需要估算每一名移民所产生的经济效益以及相应的福利成本，并以此重塑本土化的身份制度（Chan and Buckingham，2008；Zhang and Wang，2010）。

有学者认为，这种本土化的身份制度可能是一种"筛选出少数人以获取当地的城市权益，而将多数人排除在相应成员资格"的策略（Zhang，2012：505）。在近期地方实践中，我们也看到超大城市的地方政府越来越倾向于采用更高的迁户门槛来吸引"最优秀和最聪明的新居民"（Young，2013：94），于是制造了新的张力和权益排斥现象。这些观点直接揭示了近期户口改革的重要特征，但似乎并不能充分解释移民在日常生活中的行动。除了制度上的变化，我们越发可以在日常生活经验中感受到，户籍制度改革所面临的挑战实际上是区域发展、公共产品及社会服务差异性，以及移民所具备的差异性禀赋所构建的系统，以及嵌入这个系统中的各种不均衡。面对如此复杂的结构，城乡移民青年在日常生活中所呈现的权益实践亦是不同的。笔者对于这些经验的观察以及初步感知逐渐酝酿成本研究的动机。

在制度变迁之外，我们可以看到一些有关群体行动的社会事实。尽管户籍制度深化改革确立了一个不区分农村和城市户口的统一性身份制度，但农村到城市的迁户意愿有所下降。根据中国城乡移民动态调查的纵向数据，有学者指出，计划在目标城市迁入户籍的城乡移民从 2012 年的 49.98% 下降到 2017 年的 39.91%。同时，城市的竞争力和吸引力的差异性直接导致城乡移民定居意愿的差异（Su，2020）。城市和农村、东部与西部的区域不平衡发展为中国社会的人口流动制造了"推拉"力量（Young，2013）。这一论点需要进一步细分，事实上，区域发展的不平衡以及公共产品、社会服务的差异性已经细化到不同城市、不同行政区甚至是不同街道。由此，我们不难发现，即使国家为城乡移民在中小城市的迁户打开了大门，但这些城市的就业机会、收入、公共产品与社会服务都落后于特大城市，甚至落后于某些移民的农村老家，因此对这些城乡移民就不具备足够的吸引力。相应地，那些（特）大城市虽然严格控制了城乡移民流入，如设置更高的迁户门槛，但依旧对城乡移民青年更具吸引力。不同区域所附属的差异性社会权益、城乡移民的迁户意愿，以及当地制度性排斥之间存在紧张关系，由此，我们可以看到城乡移民能够定居的地方有可能并不是他们想要定居的地方，反之亦然。

在户口迁移的差异化标准以及城乡移民定居意愿所构建的系统性矛盾中，地方政府也采取各种措施来筛选和管理移民。Dutton 和 Hindess 认为，地方政府倾向于利用"市场机制与个体利益动机"来达成治理目标（Dutton and Hindess，2016：18），其中，有学者认为近年来各大城市盛行的"积分制"与"功能性疏散"（functional dispersal）就是典型例证（Zhang，2018）。从这一层面看，最近的户籍制度改革可能并没有真正终结过往户籍制度的功能，而是进一步强化了它。于是，有学者认为，当下的城乡户籍迁移政策会有演变成移民精英的户口迁移优势的风险（邹一南，2020b）。不同地点的户籍制度映射的是区域不平衡以及权益差异性，现有文献大多践行的是不同特大城市之间的比较研究（Shi，2012；Young，2013；Dong and Goodburn，2020）。然而，如前所述，即便在同一个城市，财政、人力、公共产品和社会服务也会存在区域性差异，如许多能够提供优质福利以及竞争性较强的公共产品的社区，其成员资格就是具备十足的竞争力与排他性的。面对这种情况，地方政府更倾向于采取最为简化的方式来选择居民，包括迁入资格以及购买房产能力。这些观察直接指引了本研究后续数据采集以及分析框架，因此，笔者选择在同一城市的不同城乡移民社区来采集数据。

锦城户籍制度改革

过去几十年，我国在社会权益与公共服务均等化方面作出长足努力，并取得显著成绩，然而依然有许多学者注意到国家政策与地方实践所造成的张力（Chan and Buckingham，2008；Zhang and Wang，2010）。为了更好地了解研究地点的制度背景，本节将讨论锦城的户口制度改革及其对城乡移民身份制度与城市权益的影响。就户口制度改革而言，锦城在其同级城市之前实施了许多试验性政策。2003 年，在取消户口迁移配额制度之前，该城市实施了条件专户政策。例如，锦城发布了《锦城市人民政府批转市公安局关于调整现行户口政策意见的通知》，初步建立了适应锦城城市发展的户口迁移体制，包括购房、投资、纳税、人才引进及其他途径。2004 年，锦城宣布该市将取消农村与城市户口的区别并逐步建立统一的居民户口制度，同时，锦城内常住居民都可提供"居住证"。① 不可否认，这些政策显然较以前的城乡二元户籍制度而言是明显进步，但依然有学者认为力度不足，因为居民户籍迁入仍然与农村或城市的住宅紧密相关（Zhan，2017：40）。2007 年 6 月，锦城被国家批准为"全国统筹城乡综合配套改革试验区"（Zeuthen and Griffiths，2011），于是，锦城就拥有更多自由裁量权来实施试验性的政策。

2010 年，锦城出台了《关于全域锦城城乡统一户籍实现居民自由迁徙的意见》，该文件涉及户籍迁移、就业、社会保险、住房、计划生育、教育和其他服务，旨在保障该城市惠农政策，实现统一户籍制度，确保城乡居民自由迁徙，享受平等的居民权利和公共服务。这份文件标志着我国首次建立了统一的户籍和居住地管理制度，于是其在国内外媒体上备受关注。但值得注意的是，这些城乡一体化改革政策仅针对户籍在锦城

① 参见 2016 年的《锦城城乡一体化与发展年度报告》。

城市或农村社区居民，来自市外的移民几乎没有受益。由此可以看出，外来与本土的身份制度区分依然存在，与外来移民实质相关的户籍政策仅与（临时）居住证制度相关。

以上户籍改革路径展示了中国户口与相关权益本土化的趋势以及城市权益区域差异性的特征，且地方政府也拥有了显著的自由裁量权，这也为其吸纳人才移民、带动区域经济提供了杠杆。从政策层面上看，全国范围内户籍制度本土化的典型例证是"暂住证"和"蓝印户口"制度的实行。在此背景下，锦城的"蓝印户口"制度也曾短暂存在过，主要用于引进专业技术人员。在锦城，"蓝印户口"持有者曾可自由选择购买市内的住房，免除城市基础设施补偿费，并享有与该城市居民相同权益。然而，该市"蓝印户口"制度于 1999 年被废除，也就是说最终仅剩下"暂住证"作为主要的移民人口管理制度。2011 年 1 月 1 日起，锦城正式实行《锦城居住证管理规定》，这意味着该城市将全面实施"居住证"制度，与此同时，"暂住证"制度则成为历史。根据"居住证"制度，在该城居住 1 年以上并已工作、经商、购（租）房、缴纳社会保险超过六个月的人员就获得申请"居住证"的资格。居住证持有者在就业、医疗保健、生育、法律援助等 12 个方面可以享有与锦城居民相同的权利。

由于辐射全国的统一城乡户籍政策改革在 2014 年已经全面展开，各大城市遵循中央政府的政策指示在地方层面发布了更详细的户口政策。例如，锦城为贯彻落实 2014 年 7 月颁布的《国务院关于进一步推进户籍制度改革的意见》，市政府于 2017 年 11 月发布了一系列重要文件，包括《锦城人民政府关于推进户籍制度改革的实施意见》《锦城居住证积分入户管理办法（试行）》，以及《锦城户籍迁入管理办法（试行）》。这些详细的地方政策于 2018 年 1 月生效，有效建立了锦城现行的户籍制度，确定了移民身份制度和城市权益的政策指南。在这一轮的户籍改革中，锦城明确了上述地方户口改革政策的指导原则——总量控制、人才优先、动态平衡、双轨并行。更确切地说，这里的双轨制度意味着户口迁移可以通过两种主要途径实现，即"条件入户"和"积分入户"。自 2018 年 1 月 1 日起，锦城完全废除了购房置业户口迁移途径，但将"合法稳定住房"的指标条件纳入当地积分入户中。

从锦城的户籍改革轨迹来看，很明显各种政策是建立在一个差异化、多层次的系统结构之上，且存在区分空间与城市权益边界的制度。当然，这些层次与边界也建立在地理、政治、社会经济差异性的基础之上。比如，作为试点地区，城乡一体化改革举措在锦城显然比中国其他城市推行得更早，这使得锦城市政府在实施更大规模的城市化和户籍改革政策方面享有更多自由裁量权，且城乡一体化发展成效斐然。尽管有大刀阔斧的政策支持，我们也可以看到锦城本地户口与外来移民依旧存在实际城市权益的差异化，各种权益难免更倾向户籍持有人。正如锦城市政府年度报告中总结的那样，他们旨在建立一个"有档次之差、无身份之别、可自由转换"的制度身份与权益体系。① 这样的目标在某种程度上显示了政府的立场，即允许在居民的制度身份与城市权益上存在差异化。尽管"没有身份排名""可以自由转换"是政策目标，但实际上，这需要更多的实证数据来验证。于是，在后续章节的实证内容中，本书

---

① 参见 2016 年的《锦城城乡一体化与发展年度报告》。

将着眼于城乡移民青年的自我阐述以及与社区内其他组织群体的互动，聚焦目标群体在日常生活中的城市权益实践。

锦城移民政策

对城乡移民群体而言，流入城市的移民相关政策是其制度身份与相应社会权益的主要法理依据，因此锦城的移民相关政策也将成为"敏感概念"的主要内容在这里进行阐释。笔者在之前的论述中已经提到近期中国大城市普遍采用了"条件入户"与"积分入户"这两种双轨制度确立移民的制度身份。因此，作为重要的理论背景，这一节不仅将对锦城这两项制度进行介绍，还将拓展锦城的其他移民政策内容。

条件入户制度

条件入户制度由国家和地方两套系统共同组建。从表2-1中可以看出，除了国家规定的普惠性内容设置以外，锦城政府还利用其行政自由裁量权对移民精英实施地方特定优惠政策，以此吸引高水平移民。

表2-1 锦城户籍迁入登记管理办法具体设置[①]

国家规定户籍迁入条件	调动、安置、招录、引进人员
	军队安置、家属随军人员
	投靠、收养人员
	国（境）外来本市定居人员

---

① 此表格和后表是笔者根据2022年锦城的最新相关政策整理得出。

国家规定户籍迁入条件	原户籍在本市的刑满释放人员，可申请恢复户口。在申请入户前持释放或假释证明书到社区民警处签署意见
目标城市户籍迁入特别条件	45周岁以下的全日制普通大学本科及以上学历毕业生［含经教育部留学服务中心认证的国（境）外取得同等学历人员］，按本人或直系亲属拥有的合法稳定住所、单位集体户、人才流动服务中心集体户的顺序申请本人入户。35周岁以下的普通全日制大学专科学历毕业生［含经教育部留学服务中心认证的国（境）外取得同等学历人员］，按本人或直系亲属拥有的合法稳定住所、单位集体户、人才流动服务中心集体户的顺序在锦城东部新区、近郊区申请本人入户
	"锦城人才绿卡"持卡人，按本人或直系亲属拥有的合法稳定住所、单位集体户、人才流动服务中心集体户的顺序申请本人入户。配偶和未成年子女可按规定办理投靠
	在本市同一用人单位连续缴纳社保2年以上的技能人才，在本市同一用人单位连续缴纳社保1年以上的45周岁以下中级职称及以上专业技术人才，经单位推荐、人力资源和社会保障部门认定的，按本人或直系亲属拥有的合法稳定住所、单位集体户、单位所在地人才流动服务中心集体户的顺序申请本人入户
	其他符合锦城人才引进和激励相关政策的人员，经单位推荐、市委组织部门认定的，按本人或直系亲属拥有的合法稳定住所、单位集体户、单位所在地人才流动服务中心集体户的顺序申请本人入户

从表2-1可以看出，目标城市户籍迁入制度设定的前置特别条件主要与年龄、学历、专业技能等要素紧密相关，其功能是对移民实施筛选。

积分入户制度

除了条件入户制度，锦城还执行居住证积分入户政策（2022年颁布），该政策具体从"稳定职业指标""居住引导指标""就业引导指标""入户区域引导指标""技术技能指标""个人贡献指标""年龄指标""个人不良信用记录指标""个人违法犯罪记录指标"九个维度对移民进行评判、赋值（包括正负赋值）与加总，得分达到140分的人员有资格申请将户籍迁入锦城，更具体的指标阐释如表2-2所示。

表2-2 锦城居住证积分管理指标体系计分标准

指标名称	计分标准
稳定职业指标	申请人在本市行政区域内按国家和省市相关规定参加城镇职工养老保险和城镇职工基本医疗保险，截至申请日上月底上溯计算，按月连续不间断缴费满12个月的，分别积10分；满6个月的，分别积5分；不满6个月的，不积分。截至申请日上月起，上溯按月连续不间断缴纳的36个月养老保险月缴费基数，与对应的36个月养老保险缴费所使用的省月平均工资相比，计算出的36个比值的平均数等于及高于2低于2.5（含）、高于2.5低于3（含）的，分别加10分、20分
居住引导指标	申请人拥有合法自有住房或办理租赁登记的住房，连续居住5分/年累积计算。截至申请日上月底上溯计算，申请日连续在7个非核心行政区中同一区行政范围内居住的，按2分/年加分累积计算，最高不超过10分，不满1年不得分；在8个郊县中同一县（市）行政范围内居住的，按4分/年加分累积计算，最高不超过20分，不满1年不得分；在锦城东部新区居住的，按6分/年加分累积计算，最高不超过30分，不满1年不得分
就业引导指标	申请人当前就业单位应在66个产业功能区。从2018年1月1日起至申请日上月底期间，申请人就业单位在66个产业功能区，按照10分/年积累计算分值，不满1年不得分。单位参保人员的就业单位以缴纳养老保险单位为准；个体参保的就业单位以个体工商户营业执照为准。产业功能区目录将根据政府文件进行适时调整
入户区域引导指标	申请人可在自有住房、居住证地址选择入户区域。申请人入户在东部新区加30分；申请人入户在8个郊县的加20分；申请入户在7个非核心行政区的加10分

续表

指标名称	计分标准
技术技能指标	申请人所在企业在锦城 66 个产业功能区内，且连续为申请人缴纳社保 1 年以上，符合当年度或上年度《锦城人才开发指引》中重点产业人才开发目录紧缺度三颗星、两颗星、一颗星的人才，分别可加 20 分、15 分、10 分，得分就高、不重复享受。申请人具有高级、中级、初级职称（不含专业技术人员职业资格证书）的，分别加 40 分、30 分、20 分；具有高级技师、技师资格的，分别加 40 分、30 分；具有高级工、中级工、初级工资格的，分别加 30 分、20 分、10 分。以上情况只计最高资格得分
个人贡献指标	1. 申请人获得国家级、省级、市级表彰的，分别加 25 分、20 分、15 分，包括：创新创业、劳动模范、道德模范、见义勇为模范、工匠等，同类表彰只计最高荣誉得分 2. 申请人参加志愿服务，在锦城志愿者网实名注册登记并获得志愿服务时长，截至申请日上月底上溯计算 12 个月内，志愿服务时长累积满 25 个小时加 2 分，达到 25 个小时后每增加 2 个小时加 1 分，最高不超过 10 分 3. 申请人在本市登记认定的慈善组织范围内参与慈善捐赠的可加分。截至申请日上月底上溯计算 36 个月，捐赠资金或物资（折合人民币）按每满 0.1 万元加 2 分计算，最高不超过 10 分 4. 截至申请日上月底上溯计算 12 个月内，在锦城每捐献 200ml 全血，加 2 分，每增加 100ml 全血加 1 分；每捐献 1 个治疗量单采血小板加 2 分，每增加 0.5 个治疗量单采血小板加 1 分，累积最高不超过 10 分 5. 退役军人服役期间荣立一等功（含荣誉称号）及以上奖励的加 25 分，二等功加 20 分，三等功加 15 分
年龄指标	截至申请日上月底，申请人年龄在 35 周岁以下的，加 50 分；36 周岁至 45 周岁的，加 40 分；46 周岁以上的，不加分
个人不良信用记录指标	截至申请日上月底上溯计算 36 个月，申请日在个人信用、市场监管、税务等方面存在不良记录的，每条减 10 分
个人违法犯罪记录指标	申请人违反有关法律法规，因刑事犯罪被处罚的、参加国家禁止的组织或活动的减 100 分；被强制戒毒的，每次减 50 分；被行政执法机关处以行政拘留的，每次减 20 分

表 2-2 清晰地展现了移民获取积分积累的主要指标，从功能上看，这个体系显然也起到了"筛选"移民的功能，最终更容易通过积分入户渠道获取锦城城市权益的移民似乎是那些职业稳定的、有固定居住能力的、有意愿在政府着力建设的区域工作或定居的、有专业技能并取得突出成绩的、年纪较轻的人员。相应地，那些社会经济地位较边缘的移民则难以积累积分、获取制度身份以及匹配的城市权益。由此，我们可以看到尽管户籍制度"城市 - 农村"二元的差异性从制度上消除了，但是无论从制度还是实务层面上看，城市权益的均等化依旧任重而道远。在普遍性的制度身份问题得以解决的情境下，面对城市权益与公共服务的区域性差异化的实际情况，能够确保"城乡移民自由流动，享受平等的城市权益与公共服务"吗？那些被排除在制度以外的移民在这座城市是如何生活的？他们与移民精英之间的差异是什么？他们又是如何在日常生活中与其他行动者互动的？这些问题一并促进了本研究的数据收集和分析。

"锦漂计划"：对移民选择的机构化策略

受网络流行语"北漂""沪漂"的启发，锦城自 2017 年以来一直在推广"锦漂"这个概念。除了上述双轨户籍迁入政策，锦城还实施并宣传"锦漂计划"。该计划最初源自"锦城人才新政十二条"。2017 年 7 月 19 日，锦城政府出台了一项前所未有的移民人才优惠政策，可以概括为如下 12 项。

1. 支持具有创新和创业精神的高端移民人才
2. 鼓励年轻人才在锦城定居（落户）
3. 为移民人才提供住房保障服务

4. 提升移民人才的医疗保障水平

5. 简化外国人在锦城长期居留或定居的手续

6. 鼓励各行各业的移民人才

7. 颁发"锦城人才绿卡"

8. 支持校地/校企在各行各业的合作

9. 支持院校向有就业创业愿望的人才提供免费的职业技术培训

10. 建立人才信息发布制度

11. 鼓励各类组织引进和培养人才

12. 设立"锦漂人才日"

"锦漂计划"已成为本土最具影响力的人才引进计划,为各类移民精英提供了有竞争力的资金支持。根据锦城官方近期发布的政策,该计划的内容已与时俱进,进一步调整和更新。2018 年,"锦漂计划"被发展为四个类别:长期项目、短期海外项目、青年项目和顶尖创新创业团队项目。锦城市政府对这些项目的资助从 60 万元人民币到 500 万元人民币不等。该计划还与当地大学、金融机构和其他组织合作设立了特别产学联合项目。因此,"锦漂计划"中的"锦漂"并非网络流行语"北漂""沪漂"等所构建的叙事那样,后者是大城市中的寄居者的身份标识,是一种社会文化层面的自我身份的构建与识别,而"锦漂计划"所意指的"锦漂"则是一个自上而下的结构系统,主要用于筛选出移民精英,进而促进本土社会经济的蓬勃发展。

小　结

随着全球化和现代化的持续发展，学界基于各个地区的实践对"身份"概念的理解也日渐丰富，主要表现在从制度向实践的拓展，以及从与国籍身份制度一体两面向多层级、本土化的发展。这一变化直接指引着本研究的研究设计。如前所述，以往学界讨论中国社会的城乡移民的社会权益时多聚焦在其"制度身份"上，但实际上随着户籍制度改革以及群体内生异质性的显著，用这一套理论体系去分析城乡移民群体相关的政策和实践已然与现实情况不相符。于是，本研究希望聚焦城乡移民群体在城市空间内日常生活中城市权益的实践，包括他们自己的认知、选择以及与其他行动者（组织）的互动，但这一切的前提都离不开本土制度这一重要情境。于是，这一章笔者介绍了中国户籍制度变迁轨迹、目标城市的户籍制度改革以及与城乡移民相关的政策。对此，笔者再次引用了"敏感概念"这一术语，旨在阐明这一章内容与研究设计之间的关系。

在这一章中，笔者首先回溯了中国户籍制度变迁轨迹，并从制度功能角度将中国身份制度的根基——户籍制度划分为四个阶段，分别是准备和启动、严格控制、改革探索，以及深化改革阶段。这部分的梳理尤其突出了近年深化改革阶段通过"居住证""积分制""人才项目"等各类政策促使身份制度以及社会权益本土化的趋势。这些关于移民青年身份制度的理论分析将成为本研究的敏感概念，为读者提供了解本研究理论背景与研究对象的关键信息。

随后，笔者归纳和分析了锦城的户籍制度改革实践。很显然，锦城的制度改革与国家普遍性制度改革方针政策是匹配的，包括"蓝印户口""暂住证"制度的这一段历史。同时，我们也可以看到，国家对锦城的倾斜性政策扶持，尤其是将其确立为全国统筹城乡综合配套改革试验区，支持其大刀阔斧地实施了诸多试验性的城乡一体化发展改革举措。这一系列倾斜性政策使得锦城有了合法的行政自由裁量权，于是很多政策都走在全国户籍改革的前沿。第三小节具体介绍了当下锦城移民政策，包括条件入户、积分入户制度，以及人才引进计划。从这些制度的细则上看，现行移民政策对年龄较低、受教育程度高、有专业技术优势的移民有明显的优惠，同时从城市区域空间来看，那些政府着重发展的新兴行政区域户口迁移门槛更低，而中心城区的制度身份依旧具有显著的竞争性和排他性。

通过对目标城市移民政策的内容分析，不仅与学界关于制度身份与相关权益区域化、本土化的观察相符，同时，也可以看到国家普遍性的户籍制度改革聚焦保障人民社会福利与公共产品公平化这一基线，而地方实践在这一基础上也通过各类"本土身份"制度的分层设定达到人力资源整合分类、优化配置，从而实现区域社会经济的长足发展。然而，我们不能忽略，当城乡移民群体异质性日趋明显，那些较为弱势的城乡移民在城市空间的实际获得权益是否会被普遍性身份制度改革的成效高光所遮盖？这是政策制定者与学界需要高度重视与反思的议题。

第三章　花镇的悬浮人生

　　对于笔者来说，田野场"花镇"并不陌生。早在 2012 年，笔者在一次关于农民工随迁子女的田野调查中对锦城农民工子弟学校的一些学生进行了访谈，其中一名受访者就住在花镇。尽管时隔多年，那次田野调查经历仍然给笔者留下了深刻印象。花镇是位于锦城西南部的一个城中村聚集区。几十年来，那里繁荣的制鞋业吸引了大量的外来务工者。与此同时，外来务工者也将这个区域塑造成一个充满烟火气的城乡移民区。当年那名受访小姑娘与她的家人就住在城中村花镇深处的一个庭院里。那时的花镇正经历这个城中村发展的黄金时期。无论是布满制鞋作坊的小巷，还是移民的生活区域，每条街道都熙熙攘攘，十分热闹。与花镇喧嚣热闹的街道相比，笔者走访的那座庭院稍显冷清与陈旧。小姑娘的父母在花镇的一家制鞋作坊工作，就在他们居住的庭院对面，几步之遥。那次田野调查让笔者有机会瞥见蓬勃发展的时尚产业背后不为人知的一面——在拥挤闷热的作坊里，外来的务工男女们在强光下夜以继日地工作；生活区与工作区无缝衔接，工作内容枯燥但与高产量的需求适配。然而，与上一次笔者来此地进行调查时相比，当下的花镇发生了很大的变化。

　　"滚雪球"式的抽样方法中，第一组关键受访者对后续的田野调查至关重要。杨姐是笔者在田野场花镇中的第一位关键受访者。2018年，笔者带着田野调查计划回到锦城做博士学位论文的田野调查，一直苦恼于如何"入场"，机缘巧合之下笔者认识了杨姐，打破了这个僵局。杨姐在笔者所居住的小区快递驿站工作，笔者由于时常在快递站取包裹，便和她熟络起来。她近40岁了，她的丈夫在不同城市做了十几年的快递送货员。除了负责所有家务和照料孩子之外，杨姐的主要工作内容是整理和收发快递包裹。通过日常的交流，笔者了解到她和她的家人住在花镇，加上笔者之前在这个地区积累了田野调查经验，花镇自然成为本次研究的主要田野场之一。由此，笔者便开始了对花镇城乡移民"悬浮"人生的探索。在花镇，除了对住在这里的城乡移民进行日常非正式访谈，笔者还对9名受访者进行了深入反复的跟踪访谈。这9名受访者包括4名城乡移民（杨姐、杨母、丽丽和木乃）、2名当地社区居民委员会的工作人员（小方和高老师），以及3名城中村出租屋的房东（张阿姨、李叔叔和李叔叔儿子）。笔者在花镇收集的数据不限于这9名受访者，但他们确实是田野场花镇的关键数据来源。因此，笔者将在本章节里对如何接近他们、如何与他们展开访谈，以及如何从他们的访谈中建构研究的相关主题与理论进行更为详细的解释。

三月里一个阳光明媚的日子，锦城似已有了一丝夏天的气息。杨姐给笔者打了一个电话，邀请笔者去她家做客（家访）。这通电话让苦恼于如何"入场"的笔者兴奋不已。笔者决定选用公共交通前往花镇，尽可能体验受访群体的通勤路线，更全面地了解田野场以及场内的被访者。花镇位于锦城绕城高速路的附近。虽然通往那里的公路已修成双向八车道，但花镇往返市中心的交通情况依然是通勤者的"噩梦"，这也使得笔者更加理解为什么花镇的务工者更喜欢骑电动车通勤。这座城市正在以超乎想象的速度扩张，虽然笔者在这座城市已经生活了十多年，但现下也因它的日新月异而对它感到陌生。与前几年花镇留给笔者的印象相比，这个地方似乎变得越来越荒凉。自2017年，锦城全面开展的环境污染整治行动使得花镇原有的会产生污染的制鞋工厂和私人作坊外迁。按照近期的城市规划，这里将被改造成一个湿地公园，因此，这片城中村正在经历大面积的拆迁。

笔者根据杨姐给出的定位，来到了一条潮湿且僻静的小巷。沿着小巷朝花镇深处走去，斑驳的墙壁上到处贴着招聘工人和出租房屋的广告，配合着小巷日渐萧条的氛围，无声地昭告着移民工人流失率明显，城中村出租屋空置率高——花镇旧时的繁荣景象不再。这个城中村的巷道错综复杂，笔者迷路了，因此不得不打电话向杨姐求助。与杨姐取得联系后，笔者又兜兜转转，终于在一家麻将馆门口与杨姐碰头。于是，在她的带领下，笔者第一次来到了她一家人租住的院子。

这处院子是个四合院，随着后续访谈的推进，这里成为研究的重要田野场。这个空间的布局为笔者了解目标群体在城中村的日常生活提供了重要信息。跨入院子有一道铁门，随后是一个通道，通道旁有鸡舍，且停放了许多电动助力车。过了通道，笔者便被引到四合院中间的院坝。院坝面积不大，散落着好些木凳。这院坝的设置呈现了典型的四川农村院坝场景，居民有时会在院坝聊天休闲，这里承载着社交的功能。即使在城市务工，院落里出租屋的移民租客也依然沿袭着乡村的生活习惯，此处的城中村空间似乎成为移民在城市中复制乡村生活的

图 3 - 1 花镇里的小巷（拍摄者：张舒婷）

注：图为去往受访者杨姐租住院子的小巷。

一个缩影。杨姐向笔者介绍，除了一楼供房东一家人使用外，楼上所有的房间都供出租。她家的出租屋在二楼，于是我俩继续往二楼走去。杨姐的邻居们热情地与我们打招呼："哟，有稀客呢，欢迎欢迎！"从杨姐与邻居的寒暄可见，他们的关系友好且融洽。

　　来到二楼，杨姐带笔者走进他们的出租屋。这间屋子特别小，一大一小两张床似乎就挤满了整个房间——一张双人床供杨姐夫妇使用，另一张行军床是他们8岁儿子希希的。房间外的过道上放置着一个煤气灶，与旁边的桌子一道构成了他们的简易厨房。这处院子里的设施都十分简陋，租户们都在过道搭建着自己的临时厨房，且公共资源稍显紧张，如大家都共用浴室和洗衣房。由于公共空间的局促以及生活设施的局限，院子里的租户们不时会发生口角和冲突。即便如此，杨姐一家在这个院子已经住了5年。毕竟相比其他地方，花镇便宜的房租对他们更具吸引力。

　　杨姐的房东曾是花镇的农民。大概2000年，锦城城市化加速，锦城政府将花镇从农村转变为城市社区，并通过征地实现产业转型，发展了皮革、皮鞋加工制造业。花镇这一带都是这样独门的小院，且房东们大多沾亲带故，如杨姐所租住的小院这一带曾叫作"李家院子"，房东们都属于同一宗族。花镇房东们将自建房屋出租给外来务工人员作为主要收入来源，他们的房屋越多，获得的租金就越多，因此他们对房屋扩建有着持续的热情。除此之外，他们也将这一份祖产当作一项事业来经营，扮演着院落安保、设施维护、解决租户间纠纷的管理者角色。类似这样"院子"的田野场，在一些人类学家关于北京"浙江村"的研究中曾有详细描述（Zhang，2001；Xiang，2004），他们将这种独特的居住类型命名为"大院"。与"大院"类似，花镇院落的铁门似乎有着某种隐喻——院内是移民的生活空间，如同习惯了的"乡村社会"的缩影；院外是这座熙攘的城市，陌生且日新月异，花镇的外来务工人员似乎就成为这座城市来来去去的陌生人。自那天起，以杨姐居住的四合院为中心，笔者开始对社区内其他城乡移民、房东、花镇基层街道与社区工作人员进行反复访谈。这些访谈数据，与花镇田野调查笔记、地方志与照片一起，被迭代编码以及进一步做主题构建。接下来的几节均围绕这些数据构建起的主题而展开。

关于"身份"的自我阐述

在移民研究中，社会排斥导致的移民社会经济地位边缘化是主要领域。值得一提的是，这里关于"边缘化"的语境并不局限于制度层面，这个概念自动将研究视角划分为两个情境——一是由"本地人"所代表的"主流"，二是由"移民"所代表的"边缘"。然而"边缘化"的身份认同并不是一成不变的，而是动态的。Fullilove 在其关于"地方"的心理学研究中指出，移民构建归属感的三个心理过程，即熟悉（familiarity）、依恋（attachment）和认同。其中，Fullilove 指出"对在地环境以及个体之间的信任关系的密切了解"是移民"稳定"（stability）的关键因素（Fullilove，1996：1521）。对照此观点，笔者认为可以在一定程度上解释为什么有些移民很难在移入城市建立认同感。在花镇，我们可以捕捉到城乡移民离散的有关"边缘化"的身份认同，这与他们不稳定的生活状态密切相关，这些"不稳定"是怎样体现的呢？

移民过往的工作经历会影响其对所在城市身份的期待（Aycan and Berry，1996）。就花镇的移民群体来讲，过往移民生活及工作经历塑造了他们在流入城市的身份认同。受访者杨姐从2002 年开始，经由她舅舅的引荐开始在上海打工，工作类型包括了住家保姆、餐馆帮厨、服务员等。然而，20 岁出头的移民丽丽在高中毕业后就去往杭州与她在外打工多年的父母团聚，换了游戏推广、服装销售与电话营销等多个工作，并于2015年到锦城工作。即使一同居住在花镇，笔者发现他们从事行业的差异和丰富多样的移民工作经历使得他们建构起对"工作地点"的不同的结构性认知。当杨姐谈到她在上海的工作经历时，不同地区的收入差异是她最为深刻的感受。

> 我是生了第一个儿子以后，从2002年开始外出打工的，对，在上海。上海打工的收入肯定比在四川高得多。差不多在20年前，四川当时的月薪差不多1000块吧，可在上海，我们可以拿到2000块到3000块，差很多的。（杨姐，受访者JHM05）

尽管杨姐在上海的打工经历发生在20多年前，但在中国最大的城市的所见所闻让她构建了关于对"城市生活"的理解。她将自己对伴侣的选择、家庭生活的不如意、务工生活的艰辛都贴上"未见过世面"的标签，同时，杨姐也在不经意间将对当下生活的不满跟在上海"见世面"的经历相比，似乎只有这样，她当下生活中的苦才能消解一些。

> 锦城不够好。相比而言，我觉得上海要好得多。你看……我在花镇住了5年，虽然这个院子住着还算方便，可是这一片街区非常混乱和不安全。然而，上海就不同，我在那里工作和生活期间从未听说过任何犯罪事件，那里的人似乎素质比这里（锦城）好些。（杨姐，受访者JHM05）

上海的外来务工移民聚集区的治安状况是否比锦城更好并

不是本研究关心的重点，但杨姐以上言论说明了过往务工的经历将会对城乡移民关于城市空间以及基本的生活权益的认知产生影响，包括对某个城市的格式塔式认知，以及对不同城市认知的结构性排序。在不同城市的务工经历丰富了她对城市空间及其基本权益的认知，随后，当他们一家返回农村老家时，这些经历则会提高他们作为"见过世面"的人的社会声誉。杨姐的老家位于川西北山区，偏僻闭塞。

> 老家太苦了，年轻人都在外面打工挣钱。那几年，我们家是全村第一户购置像电视机或者洗衣机这样的大件的家庭，我们挣点钱就惦记着给家里添置些东西，老家的人都羡慕我们得很……（杨姐，受访者JHM05）

然而，这些"见过世面"的经历能够真正让她融入这些城市吗？过往的务工经历对她在城市身份认同上有何帮助？杨姐曾在访谈中多次提及在外务工的辛酸。她说自己的工作纯属"打零工"，没有正式劳动合同也没有社会保险，工作时间非常长，不时还受到傲慢客户的评判和侮辱。她提及某次让她非常不开心的经历。杨姐工作的快递驿站规定，如果客户超过48小时未领取包裹必须收滞纳金，有一位客户因拒绝缴付滞纳金与她发生了争吵。

> 那个女人（客户）说我是"盲流"，说看我的穿着就像个"农民工"，简直一无是处。我真的太生气了，很想扇她一巴掌，可是我什么也不能做，因为我清楚地知道，如果我这样做，将会失去我的工作。这份工作不容易，我

不仅是指工作内容本身，也指任何形式的瞧不起也都要忍下来的那部分，这有时会让我感觉低人一等，很自卑。（杨姐，受访者JHM05）

正如前面章节关于城乡务工移民研究中的"素质"理论视角提及的，学者们指出"素质"成为一个贬低城乡劳工"身体"的一种"生物政治策略"（biopolitical strategy），使得他们的劳工价值可以从"身体"向生产领域转移（Pun，2003；Anagnost，2004；Sun，2009）。结合杨姐的情境，尽管在大城市工作和生活会提高她回到乡村老家时的信心与声誉，但她在城市的工作和生活的情况却并不理想。正式劳动合同以及社会保障的缺失、居住环境的局限，以及关于"农民工"的污名化似乎难以令像杨姐一家的外来移民对所在城市产生归属感。

与此同时，花镇里的城乡移民青年丽丽和木乃也在高中毕业后，在亲人介绍下开始在城市打工生活。丽丽的父母一直在浙江打工，她的童年几乎都是与祖父母一起度过的，直到她开始在杭州工作，他们一家人才得以团聚。木乃的家乡在四川凉山彝族自治州的南部，一家人主要以养山羊为生。他的家乡有丰富的铅锌矿产资源，大多数当地男子都被雇为矿工，包括木乃的父亲。他在锦城的第一份工作就是在自家表哥开的一家店里工作，随后又频繁跳槽，做过快递派送员、餐馆帮厨、服务员等工作。尽管这些年轻人才刚刚二十岁出头，就如后续章节将探讨的议题——他们的就业心态与杨姐这一代人有很大差异，而且花镇移民对于将来是否会在这座城市定居都持有保留态度。

外面的租金太贵了，买房子更是奢望。花镇的房子便宜，这样一间出租屋一个月只需要500元，所以我们才在这里住了5年。这一带不是开始拆迁了吗？我们一直在外面找房子，但都最少需要1000块钱（每月）。除了房屋租金，每个月还需要水电费和生活费，这样一年算下来，我们手上也存不了多少钱。（杨姐，受访者JHM05）

城市里高昂的日常消费以及房价是花镇移民定居城市的主要障碍。杨姐表示，最终会回到家乡养老，并无时无刻不表达着对家乡的情感依恋（emotional attachment）。这符合社会学家们所描述的过去农村外出务工人员"离土不离乡"的状况（费孝通，2006）。年轻的丽丽和木乃则不同，老家已成为"回不去的家乡"。

我们这一代的年轻人没人想回去，回去能干吗？回去继续放羊还是像我爸一样当矿工？不，我肯定不属于那儿。（木乃，受访者JHM07）

尽管如此，居住在花镇里的年轻移民依旧不能自信地选择"定居大城市"，于是他们成为"留不下来"又"回不去"的"漂流者"。花镇移民青年身份认同远离"城市权益"的中心，趋于边缘化但又不稳定。

是阻碍还是出口：代际产生的差异性

改革开放的40多年里，中国社会、经济、技术、文化领域发生了深刻的变化，作为社会发展的重要一环，城乡移民群体也已发展到第三代，并经历着社会发展所带来的"成长痛"。在阎云翔的著作 *The Individualisation of Chinese Society*（Yan，2009）以及 Arthur Kleinman 主编的 *Deep China*（Kleinman et al.，2011）中都讨论了中国社会经济发展背景下当代青年伦理价值观的新动向。国内城乡移民的异质性备受学界关注，其中代际差异尤为明显（Fan，1999；Wang，2010；李培林、田丰，2011）。在田野场花镇里，笔者也观察到受访者显著的代际差异，这些差异表现在他们个人职业发展、婚恋观、就业观，以及定居的态度等各个方面。住在花镇的城乡移民家庭，几乎都有过与"留守"有关的切身感受。杨姐在访谈中提及的最大的烦恼就是孩子教育以及亲子关系。

杨姐家有两个儿子，大儿子已经 20 岁，在锦城打工快两年了。跟在她身边的小儿子希希 8 岁了，在花镇里的一所公立小学就读。以前她和丈夫在上海打工时，大儿子就和老家的爷爷奶奶住在一起，她和丈夫并没有参与大儿子的成长过程，直到她再次怀孕，才短暂回到农村老家照顾家庭。尽管杨姐终于有时间陪伴儿子，但他们的亲子关系并未得到任何改善。杨姐细数着与已成年的大儿子之间的各种嫌隙，"大儿子对我们没有太多感情，因为他小时候一直与我们分开。他对爷爷奶奶的感情很深，他曾用兼职赚得的第一份工资给他爷爷、奶奶和弟弟都买了礼物，唯独我和他爸什么都没有，"话止于此，杨姐眼里不免有些落寞。

如果孩子的留守经历是他们亲子关系紧张的根源，那么个人发展、就业心态、婚恋观的差异和矛盾则让他们的关系跌至冰点。杨姐不止一次在访谈中抱怨着她的大儿子："他想上大学，但由于成绩不好没考上。后来他又在一所职业学校取得中专文凭，现在居然说还想申请大学，简直白日做梦！搞这些无用功，还不如学点技能早点挣钱。"杨姐直言自己的想法，认为大儿子就是不能"吃苦"。她深感在当下这个就业环境下，就是拿到大学文凭的人也并不见得找到一份好工作，最终也不过是"打工"，频繁换工作。"现在这些年轻人呐，就是想得太多，做得太少！"杨姐紧锁着眉头说道。有关"吃苦"的叙事映射出城乡移民两代人有关"工作"相悖的道德价值观。在 Loyalka 有关农民工"自我牺牲"和"坚韧"价值观的讨论中，他认为"吃苦"反映了城乡流动人口在城市中权益缺失却又不得不坚持的状态（Loyalka，2012）。

虽然父母一代对城市生活的艰辛表现出高度容忍，但是年青一代的移民似乎无法理解更不会标榜这种价值观。相反的，他们在就业市场和城市生活中持有更积极的姿态。花镇案例中，杨姐和大儿子的矛盾一方面是孩子成长过程中父母陪伴的缺位所导致，另一方面则是代际差异下的个体先赋条件不同，以及移民个体化和职业道德已发生了显著变化，种种表现都反映了两代人对城市权益的不同需求与实践。在某一次小组访谈中，杨姐和丽丽同时接受了笔者的访谈。丽丽刚刚 20 岁出头，性格外向，已经在锦城工作了近三年，在一家快递公司担任前台。她与杨姐在工作时间、待遇以及争取合法劳动权益方面的态度有明显的差异。

杨姐每周的工作时间是 7 天，除非向驿站老板请事假，否则她没有任何休息日。除此之外，每天的工作时间也特别长。她和老板约定的工作时间是上午 9 点到晚上 8 点，然而，由于小区取快递的年轻业主们白天大多会去上班，只有下班回家后才有时间取快递，杨姐晚上的实际收工时间比约定时间会延迟许多。她有 2000 多元的固定工资收入，每天还有 50 元的餐食补贴，杨姐认为自己"文化程度"不高，且没有技术，于是对这份薪资比较满意。日复一日，她都按这般节奏工作，即便有怨言，杨姐也不太愿意跟老板直接申诉或重新对薪资待遇进行议价，因为能在这里继续工作就是她最大的诉求。

然而，丽丽的境况与杨姐完全不同，她不会像杨姐那样即便遭遇不公平对待依然选择忍让和默默承受。

> 我们年轻人肯定会在面试时，就讲清那些最为重要的事情，比如签合同、工资和五险一金等。我的情况肯定比杨姐好很多，她工作忙，家庭负担也很重，肯定很有压力。不仅没合同、没保险，她甚至都不敢请一天假！我肯定不会忍受这些（不合理的情况），不高兴就会辞职！（丽丽，受访者 JHM06）

杨姐静静地坐在丽丽旁边，默不作声，难掩双眼中的落寞。

在面对工作权益和城市居住福祉方面，花镇的移民们的确呈现了比较明显的差异。这一现象背后投射的是数十年的社会经济变革，以及城乡移民劳工的工作伦理的转变。像杨姐这样的城乡移民呈现"宽容""坚韧""忠诚"的工作方面的道德价值观主要是因为其年龄、受教育程度、家庭负担等在职场上不具备明显优势。然而，年青一代是在中国经济快速发展的阶段成长起来的，物质条件、受教育程度，以及工作生涯的阶段使他们更尊崇"机会""自我发展""获得感"等方面的内容。因此，不同世代的城乡移民对待城市权益的认知与相关实践存在明显差异。

花镇移民青年的城市社交网络

在移民研究中，探索移民与周围环境之间的互动是一个重要的研究视角，尤其是学界普遍认为群体内成员与外部群体的联系可以影响到移民本身的福祉与对自身身份的认知（Wang，Zhang and Wu，2015；Cuba and Hummon，1993）。费孝通先生在对中国农村经济社会的研究中提出了"熟人社会"的经典概念，主要聚焦乡村社会中宗亲关系的重要性。在花镇的案例中，笔者依然可以观察到"熟人社会"在移民城市生活中深远的影响力。笔者好奇每一位受访者他们是怎么开始城市务工之旅的，于是初职经历成为此研究重要的指标。杨姐回忆起她在城市第一份工作的经历。她家里有位特别能干的舅舅，而杨姐的第一份工作就是通过她舅舅找到的。杨姐的母亲（杨姐母亲，受访者 JHM08）说起这位兄弟特别骄傲，说他当年走出大山，就下决心要留在上海。最终，他拿到了上海户口，又在当地成了家，就成了家族里增光添彩的"能人"、各个亲戚需要投靠的人。杨姐生了第一个小孩以后，生活开销陡增，于是就投靠这位"能人"舅舅，到上海打工。

尽管前面笔者提及了代际的差异，但花镇年青一代的移民所进入的初职很大程度上依旧依靠亲属关系。如前所述，丽丽的父母长年在浙江打工，在老家与祖父母一起生活多年的她在高中毕业以后，也前往杭州与父母团聚，并开始自己的打工生涯。丽丽说，有了父母的支持，初到杭州工作的她感觉一切都很顺利，甚至可以说生活很舒适。另一位受访者彝族青年木乃也有相似体验。从凉山山区里走出来的他也是在高中毕业以后投靠在锦城的表哥。表哥经营着一家二手电脑配件店，于是他第一份工作就是在表哥店里做一些打杂的工作。对于那些年轻又缺乏专业技术的移民来说，乡村老家的先赋型关系网络是他们进入城市工作生活的关键因素。根据访谈资料，随着这些年轻移民逐渐适应城市生活，他们也建立起新的关系网络。相应地，那些先赋型关系网络的作用逐渐式微。

笔者在访谈中，多次探寻他们在锦城的社交网络，尤其是那些亲属关系以外的新建立的社交网络。

> 我现在的朋友几乎都是以前的同事。我喜欢和他们一起逛街或打麻将，因为我们有很多共同经历。（杨姐，受访者 JHM05）

木乃进一步指出了与先赋型关系网络保持距离的原因。

> 我不想联系以前在家乡的朋友。我们彝族是好客热情的民族，所以经常聚会，一起喝酒。但是，现在聚会太多，肯定会给我带来一定的经济和精神上的压力——得不偿失。这就是我为什么很少与他们接触。（木乃，受访者 JHM07）

至此，在先赋型关系网络与在城市里新建社交网络的博弈中，似乎城市里"陌生人"的关系更占上风，但受访者们也提到其消极的一面，譬如这些社交网络的可靠性与时效性。花镇移民青年大多认为城市的社交网络不仅是个体之间的简单联系，在城市漂泊的生活中也时常被利益所裹挟，隐藏着风险。丽丽说道，像花镇里的打工者们，大部分的生活都被工作占据，且工作极其不稳定，每个人都频繁跳槽，所以靠同事建立起来的关系并不能长期稳固。

> 不管人情变淡还是加深，我觉得最有意思的是，以前的同事总是会在缺钱的时候向我借钱。我以前会很不好意思拒绝，但如今这种事情发生得过于频繁，我就学会了拒绝。（丽丽，受访者 JHM06）

对于花镇的移民青年来说，"不确定性"一直嵌入他们在城市新建立的社交网络之中，杨姐直言不讳地说，"每个人都有自己的'活路'，每个打工人都是这座城市里的过客"。关于这些不确定性如何对花镇移民的定居意愿产生影响，及与其他案例中移民的差异，将在后面章节中展开讨论。

其他相关群体关于花镇移民青年的叙事：
政府社区工作人员与本地房东

除了移民青年自身的视角，笔者一直试图将花镇其他行动者的视角融入分析，实施"三角测量"以更加全面地了解目标群体。如前所述，制鞋业是花镇的传统支柱产业，这个产业始于该区域 20 世纪 90 年代兴起的皮革和鞋类制造业。在此之前，该地区属于锦城郊区，曾拥有大量农田。随着皮革相关产业的发展，小工厂和作坊如雨后春笋般涌现，也吸引着外来务工人员的流入。然而，自 2017 年起，锦城开启了环境污染整治，由于花镇涉及污染产业，这里成为这次行动重点治理的区域之一。

政府与移民之间的联系

从政府的角度来看，许多非正规制鞋车间隐藏在花镇民居内，人员流动率高，社区管理工作复杂，这使得这一带治安比较混乱。此外，小作坊未经处理的废水和有毒物质肆意排放，严重威胁着该区域居民的居住安全和生态环境，各种情况都给该区域的基层政府提出了管理挑战。花镇属于具有大量流动人口的涉农社区，在田野场花镇集中调研期间，笔者结识了当地街道与社区的工作人员，他们的主要工作职能涉及该区域流动人口管理、就业、教育、综合治理等方面。工作人员高老师（受访者 JHG02）在花镇制鞋业鼎盛时期曾承担流调（流动人口调查）工作。他是花镇本地人，了解花镇的每一处四合院，可以和各类人打交道，是工作中的多面手。高老师分享着流动人口峰值时的花镇故事，也提到他们每天都要敲门入户调查流动人口租住情况以及登记相关人员信息。然而他现在的主要工作是拆除违章建筑和整治环保违规企业。"这一片全是我负责拆掉的"，高老师一边用手比画着一边有些自豪地说道。工作人员小方是花镇人，在环境污染整治行动之前，小方（受访者 JHG01）在街道办事处的主要工作就是处理当地流动人口劳动仲裁以及流动人员子女就学的相关申请。由于环境污染整治行动的全面展开，花镇皮革相关的制造业受到严重影响，许多工厂老板以及作坊主开始外迁企业，原有的外地务工人员面临解雇。为解决这些流动人口的生计问题，花镇街道办事处联合各个社区积极处理工人的劳动仲裁以及提供再就业指导服务，小方近期的主要工作就是举办各种类型的招聘会。小方直言平时的工作主要还是集中在流动人口的公共服务上，然而提供的这些公共服务仅局限于各级政府既定的"流口"（流动人口）公共服务，区域政府并没有余力提供有针对性的公共服务，譬如联动社会力量开展"流动人口赋能"的各类项目。

从政府组织与流动人口之间的关系看，花镇城乡移民的城市权益获得完全依赖于"自上而下"的公共服务供给体制，于是，移民本身的城市权益获取的能动性或者"公共服务提供者－案主"的互动相对来说就比较稀缺。这些预判得到了访谈者的证实。譬如，杨姐在访谈中提及，除了孩子在花镇公立小学入学以及老公办理社保的相关行政程序需与当地政府联系以外，他们的生活与"政府"少有联系。而对于丽丽、木乃这样20岁出头的年轻人，由于没有孩子入学的这种实际需求，他们认为自己的城市生活与租住地所在政府的关联更少。在花镇这样缺乏联系、"信息不对称"的"政府－移民"关系结构下，花镇移民容易对租住地政府产生不信任。

本地房东的视角以及租客筛选排序

除了政府的工作人员，房东的叙事给本研究提供了一个重要视角。面对花镇声势浩大的环境污染整治行动，受访者中的房东们声称他们是受影响最大的群体，主要表现在经济收入的锐减上。受访者李叔叔（受访者JHL04）和张阿姨（受访者JHL03）就是杨姐的房东，他们50岁出头，向租住他们房屋的外来务工人员收取房租是他们家庭的主要经济收入。自从二人结婚以来，李叔叔和张阿姨把当时继承的一座黄泥巴农房扩建至如今拥有68个独立房间的院子，这是一个漫长的过程。目前他们夫妻与儿子、孙女住在二楼一个三居室套间里，其余的房间全都对外出租给来花镇打工的移民。这么多年来，他们把所有积蓄、时间和情感都投入房屋扩建之中。

在花镇的发展过程中，房东无疑是获利最多的群体。在当地制鞋业发展之前，他们就是当地的农民，但随着移民的增多，农田变成了民居和厂房，他们的身份转变为"房东"。当然，他们的故事与"一夜暴富"相去甚远。张阿姨反复强调，他们没有文凭也没有技术，不知道如何谋生，只能将所有的钱投入祖屋的扩建中。对他们而言，多扩建出一间房，就能多得到一份收入。四合院里面的房屋密密麻麻，过道错综复杂。笔者第一次身在其中时，就觉得这整座建筑有些"超现实"之风。除了结构复杂，这座建筑还存在消防隐患，而且从不同级别的房屋类型就可以看出扩建的历史阶段。比如，四合院本体还依然可见砖混结构，而四楼以上就是木板扩建的简易房，最上层以及过道还有些钢板搭建的临时板房。这个"魔幻"的"庞然大屋"不是一天建成的，张阿姨在访谈中不止一次感叹。

> 我已经记不清楚这个房子扩建多少次了，也记不清楚在这个房子上花了多少钱了。年复一年，我们只要有点余钱，就会花在房子扩建上。像你们这辈年轻人根本无法理解我们建造房子时经历的艰难。我们都是靠亲戚朋友来帮忙造房子，我们不仅要参与到建房子工作本身，还要张罗工人吃饭，体力上特别累。除此之外，我们还要还建房子的贷款，承受经济上的压力。（张阿姨，受访者JHL03）

图 3 - 2　房东夫妇不断扩建的房屋（拍摄者：张舒婷）

这些房东对待移民的态度是复杂的。一方面，尽管是大家口中的"土著"①，但他们曾同为"农民"的身份使他们能够对移民的生活有一定共情。比如，张阿姨在评价杨姐一家时说道，"小杨（指杨姐，受访者 JHM05）一家过得并不轻松。她老公是快递员，早晚都在工作。对于没有文凭或技能的人来

---

① 作为网络用语的"土著"特指那些在一线城市中既有钱又有闲，不必奋斗也不用操心未来的本土居民。

说，要想在这个城市立足，你必须努力工作"（张阿姨，受访者 JHL03）。然而，另一方面，相对移民，"土著"也有自己的"优越感"。张阿姨和李叔叔的儿子的前妻就是一名外来务工人员，也许是因为这段婚姻给整个大家庭带来了一定的创伤，他们一家对外来务工人员，尤其是女性务工人员，存在一些刻板印象。"近十年来，很多打工的来我们花镇，然后和当地人结合。那些漂亮的女娃娃（指女性务工人员）并不是相中某个人，而是相中了这些本地人的钱"，李叔叔（受访者 JHL04）抱怨着。他的儿子也有类似的想法。

> 我前妻老家在川东的山区，她家一直很穷，（她）父母在福建和广东打工二十多年，也没什么积蓄，还是很穷。他们一家总是想从我们这里榨点油水（钱）。（李叔叔儿子，受访者 JHL02）

这种矛盾的心态使得"土著"房东们对移民租客充满了防备心，以至于在很长一段时间内，这对房东夫妇必须预判租客带来的潜在风险以及各种管理成本。如前所述，房东们不仅提供房屋出租，同时需要管理院子里的各类事务，包括安全、公共设施维护、垃圾清扫以及水电气费的收缴。因此，为了降低成本和抵御风险，他们会对租户进行筛选。张阿姨向笔者展示了一个厚厚的笔记本，记录了院子里每个租户的每一笔付款或赊账。除此之外，她还会为每个租户加上一些特别的备注，以提醒可能会出现的管理问题。譬如，她会在租客甲的备注信息里填写"不喜欢关水龙头"，又在租客乙的备注里注明"晚上 11 点后仍有访客"等。在花镇外来务工人员数量达到顶峰的黄金时期，张阿姨和李叔叔就对租客有一定要求，甚至以这些要求为基础还建构了一套租客筛选排序——家庭租户排第一，单身女性其次，而单身男性排在最后。张阿姨解释到，大多数年轻男性租客在租期内都表现出情绪不稳定及暴力倾向，入住期间更容易发生矛盾，容易"闹事"。然而如今，花镇的制造业陷入萧条，夫妻俩的 68 间供出租的房屋不仅住不满，现下更是降价出租或要到巷口抢租客。"再这样下去，我们饭都吃不起了，"张阿姨抱怨着。在移民进入"院子"之前，房东出于对移民的某些刻板印象，如"不稳定""功利""充满风险"，会进行一定的筛选，然而移民进入"院子"后，花镇本地房东会与移民之间建构起某种"庇护"关系，照顾租客日常生活的周全。房东与租户关系的简单画像也给了解目标群体提供了重要线索。

花镇移民隐秘的休闲生活

房东李叔叔除了是院子的"土著"房东，他在花镇还有另外一份工作，就是一家舞厅的卖票人员及门卫。在对李叔叔的访谈中，他经常提及在其工作场所消费的外来务工人员以及跳舞的"妹儿"，出于对目标群体生活场景的好奇，笔者通过李叔叔这一关键访谈人开始了对目标群体在花镇休闲生活的观察。李叔叔工作的舞厅在花镇人流量较大的街道口，门面并不大。

> 这里跳舞的妹儿（年轻女性）几乎都是农村来的，一般都是 20 多岁，年纪大的还有 40 多岁哩。（李叔叔，受访者 JHL04）

这些跳舞的女性主要在舞厅提供伴舞服务，面对的客户基本是在花镇务工的男性移民。通过关键访谈人李叔叔，笔者才知道这些隐藏在城中村的舞厅的数量以及消费群体数量比预期的多，花镇就大概有五家。李叔叔回应道："生意好得很，花镇打工人最多的那些年，这个舞厅每天陪跳舞的妹儿有八十多个，来跳舞的基本上都是在这里打工的农民工，热闹得很！"舞厅门票就十元，陪舞的女性从业人员主要靠客人给的小费挣钱。当笔者追问其在舞厅工作的职业风险时，李叔叔望着聚在舞厅门口的"陪舞妹儿"说："安全得很！"只要有人惹麻烦，保安就要把那些"捣乱"的人赶出舞厅，尽量避免产生冲突。"我说的'捣乱'主要是这些跳舞的人为那些受欢迎的女娃娃打架。这些'妹儿'不过就是在城里头挣些快钱，这些男的瓜（傻）不瓜吗？"在花镇与一些城乡移民非正式访谈中，笔者了解到一个更全面的花镇移民日常生活的图景。除了舞厅，城中村的居民们还透露，花镇有些城乡移民还喜欢去玩"捕鱼机"等，因迷恋游戏会将所有工资砸在这些地下棋牌室。

需要强调的是，作为研究者，笔者出于研究伦理不能对研究对象的行为或社会现象做价值判断。然而，以上访谈从移民休闲生活与消费的角度提供给笔者一个了解目标群体的重要渠道。在对从事特殊服务行业的女性城乡移民研究中，丁瑜认为这些女孩通过"日常生活中的自我实践"实现自我转变和在城市中自我认同，并指出"将身份重新定义为多层级的、动态的、欲望驱使和行为导向的跨区域实践"（Ding，2017：842）。面对不管是陪舞的女性还是沉迷舞厅、地下棋牌室的城乡移民，研究者可能更需要关注这些群体在跨区域流动中社交网络、情感支持、城市空间层面的匮乏。在移民研究中，移民在流入地的休闲生活被认为是观察他们融入以及构建新的社会关系的重要视角，学者们认为，"休闲对移民的意义不仅是应对和适应的问题，还涉及自我实现和自我表达的问题"（Mata-Codesal, Peperkamp and Tiesler, 2015：1）。因此，就花镇的案例来看，这些隐秘的休闲生活可提供给笔者一个关于目标群体在流入地日常生活、社交网络、情感支持与城市空间实践的有价值的推想，对进一步的数据采集与分析具有指导意义。

小　结

本章主要展示了本研究关注的第一个移民空间花镇城乡移民城市权益实践的图景。这一个移民空间是典型的"城中村"，由于房租便宜，该社区聚集了大量低收入的城乡移民。花镇曾经是锦城制鞋作坊和小工厂聚集区域，集中了大量外来务工人员。笔者在田野调查期间，正值该区域环境污染整治时期，由于制鞋业属于环境污染较严重的产业，政府开始责令原有的作坊和小工厂整改或外迁，改造升级区域形象。这一过程使得诸多制鞋工人被遣散，花镇城乡移民聚居的社区变得越发冷清萧条，留下来的大多是从事流动性大的工作，以及收入水平较低的那部分城乡移民。

本章完全基于"开放编码－类别建构－主题构建"这一迭代数据分析过程建立起来的主题来组织内容，其中，值得注意的是，数据资料完全来自目标群体花镇城乡移民以及相关行动者（政府和房东）的自我阐述。由此，我们可以从以上行动者在日常生活中的实践来了解花镇移民实际获取的城乡权益。

本章前三个小节中，笔者主要介绍了移民关于"身份"的认知、权益认知和城市生活的代际差异，以及移民青年裹挟在高流动率工作中的不稳定社交网络。从这些信息，我们可以了解到花镇青年禀赋特征、不稳定劳资关系、社会服务与公共产品获取有限的现状，同时也谈论到其衍生问题，包括代际呈现的观念差异与紧张关系，以及在城市空间的定居决策等。此外，本章还从花镇基层政府工作人员以及本地房东视角去了解花镇移民空间的背景信息，从方法论上完善对目标群体以及其实际城市权益的了解。通过这些视角的探讨，笔者给读者提供了花镇以及花镇移民一个全景式的描述，为分析三个案例的移民城市权益差异性奠定了数据和分析框架基础。

第四章　电子厂工人的城市梦

第二个案例是位于锦城西北郊的西部工业园。选择这一地区作为研究地点不仅在于其令人瞩目的人口流动规模和频率，还在于此案例中城乡移民所呈现的特质。田野场西部工业园是一个有 57 家生产企业的工业园区，除了是一个各类高新技术企业聚集的生产区域，这个田野场还配有大面积的产业工人宿舍区，为调查提供了丰富的目标群体样本。在这个案例中，笔者的访谈对象包括电子厂工人、辖区基层政府工作人员、企业管理人员，以及承接工人赋能项目的社会组织的社工。在这一田野场调研期间，笔者在受访社会组织中担任志愿者，这一身份与相关经历使得"入场"、数据采集与分析都容易很多。

关于"身份"的自我阐述

相比花镇的城乡移民，西部工业园移民的先赋条件以及居住类型有明显的特点。比如，进厂的城乡移民年龄组偏低（多为青年组），文化程度基本为高中以上，于是，他们在城市空间"身份"的建构呈现一定的特质。首先，西部工业园的大厂青年们呈现对公司与流入城市的"依恋"。许多学者在过往的研究中批判性讨论过"学生实习劳动制度"（student in-

图 4 – 1　电子厂的工人宿舍（拍摄者：张舒婷）

注：在田野场西部工业园里，工人居住房屋类型都是密集紧凑的
工人宿舍小区，宿舍一般为六人间，设有上下床铺、公用卫浴。工人
宿舍规模庞大，空间逼仄。

ternship programme），这种制度最受诟病的一点就是让年轻人
在劳动过程中"去技能化"（deskilling）以及"异化"（alien-
ation）。诚然，从以泰勒制为代表的现代工厂车间管理制度来
看，年轻人的劳动应被分割成流水线的某一环，但这也使得他
们在专业技术发展上相对受限。因此，学界以往的研究常对流
水线生产车间一线工人的身心健康持同情态度，并批判管理制

度对年轻工人发展的控制以及身心健康的消极影响（Su，2011；Chan，2013；Chan and Selden，2014；Smith and Chan，2015）。与此相同，在西部工业园案例中，许多人在中（大）专上学期间就被送到各大厂实习，然后工作至今，也是在工厂完成"学校－工厂"的社会化过程。这些城乡移民在"大厂"聚集的工业园区呈现的"自我身份"认知赋予本研究新的视角。

小杨（受访者WHM18）是在这个研究地点所有受访者里最腼腆的一位，他20岁出头，老家在川西农村。小杨大专学的是电路控制，通过在校期间的"实习项目"进入电子厂F厂。小杨的童年在祖父母身边长大，他的父母一直在广东、浙江等地务工，他将自己内向腼腆的性格归因于童年的留守经历。这样的童年经历加上"学校"到"工厂"的无缝衔接，让他对"工厂"有明显的归属感和依恋感。

> 你看，现在我们可以正常交谈，这比我以前好多了。以前即使别人主动和我说话，我也不敢说一句话——我从小就是这样……但自从来到这里以后，我改变了很多，不论是环境还是人，我都熟悉，所以我比以前外向很多。你可以将这（改变）视为我在这里的进步。（小杨，受访者WHM18）

小杨在流水线生产车间的工作其实非常枯燥，为了挣到更多的工资，他不得不揽下更多的计件工作包。在最忙的赶工季，他常常在走出车间后感到天旋地转。即便这样，他依然很难跳出F厂这样的电子厂工作环境去找其他工作。小杨说："能找啥工作？现在工作也不好找。以前有亲戚让我去帮忙过，但是我怕被骗，去了之后还不给承诺的工资，多麻烦。趁年轻，我还是在厂里多挣点钱吧，我又熟悉这里，多好。"小杨对 F 厂表现出的高"情感依赖"与忠诚度还有除了性格以外的结构性因素。这些因素可以延伸到其童年留守经历、受教育经历，以及初职经历。在这些结构性因素的影响下，对小杨这样的年轻产业工人来说，跨出电子厂已然不是一件简单的事情。

无独有偶，小春也有类似的经历，她 25 岁，却已是两个孩子的母亲，从职高期间在这里实习算起，这已经是她在 F 厂工作的第八年。和小杨一样，小春也同样表现出对工厂的高"情感依恋"。

> 即使现在我是两个孩子的母亲，我感觉一直没离开过"学校"。我的丈夫也在另外一座城市打工，孩子和公婆生活在农村老家。我日常生活都非常固定——"工厂"和"宿舍"两点一线。（小春，受访者 WHM19）

小春的整个家庭都处于"城市－乡村""工厂－生活"等分割下的空间，可为了生活，这似乎又是不得已的选择。在关注劳动密集型产业如电子厂尤其是电子装配大厂的劳工的大量研究中，工人的高流动率一直备受学者们关注（Chan and Pun, 2009；Pun and Lu, 2010；Pan and Chan, 2012）。然而，这种高流动率也大多局限在同级别产业类型间的流动，很少有跨层级的职业流动类型，其中最大的原因就是电子厂流水线生产车间的年轻产业工人在劳动过程中容易趋向"去技术化"，从长远看这将使他们在职场中的竞争力逐年下降，跨层级的职业流动受限。相反，西部工业园的案例中年轻产业工人表现出对企业的高"情感依恋"，这一现象很大程度上反映的是作为产业工人的城乡移民的就业心态及就业环境的变化，也就是说，在找不到更好的工作机会或发展渠道的时候，这些年轻的城乡移民就会选择到电子厂或者一直留在电子厂工作，呈现一种"悬浮"的状态。笔者对此现象的理解在那些频繁流动的工人群体中得到进一步印证。

小严今年20岁出头，高中学历，老家在川南长江边上的一个村庄，如今他为西部工业园提供安保服务。在这里工作之前，他曾在广州、珠海、重庆等其他大城市工作。在此期间，他积累了丰富的工作经验，包括酒店服务员、市场营销以及私企管理人员。小严非常善谈，毫不吝惜地与笔者分享了他的漂泊生活以及感受。小严直言过去几年的频繁流动让他收获了丰富的工作经验，但由于自身文凭的限制，工作机会有一定局限性，并且岗位升迁也机会渺茫，他不得不辗转于各个城市和各个岗位去寻找新的机会。当然，这个过程也削弱了他对城市的归属感。小严提及一些打工时期跟室友不愉快的过往，并说："（我宁愿躲在）一扇防盗门和一个猫眼背后，这就是在这座城市里属于我的世界。"（小严，受访者WHM20）丰富的移民工作经历使小严比同龄人显得成熟很多，眼神坚定，谈吐徐徐。他已然适应城市的节奏，老家也成为"回不去的家乡"，同时，他依然对自己未来的城市生活有各种规划，如希望通过自考提升自己的学历。"哪怕是个大专文凭，工作机会都比高中生好很多，这就是我工作这几年的深刻体会"，小严感叹道。人类学家项飙曾借用"蜂鸟"来比喻城乡移民的这种状态，"他们的生活永远没有在群体、在社会场域里，甚至在物理空间里面沉淀下来、嵌入进去，而总在跳跃中维持。就像蜂鸟，一种很小的鸟，必须高频度地振荡翅膀，把自己浮在空中……人的状况一直没有沉淀下来，就靠高频度地换工作来维持，是很脆弱的"。①

无论对工厂体现出高"忠诚度"，还是在不同行业与不同城市之间频繁跳槽，西部工业园的年轻城乡移民们似乎毅然决然地选择一种"悬浮"的状态。然而当笔者问及以后是否会定居在城市时，他们在计划或行动上都采取了较为折中的策略。于是电子厂的工人们呈现高频穿梭在不同空间的状态：工作在城市（有人与配偶在不同的城市工作），父母孩子在老家；住在城市，在老家所在的小城镇投资不动产。小春告诉笔者，她和丈夫已贷款在老家所在的镇上买了一套公寓。即使对城市生活有很多梦想和热爱，她也必须考虑现实问题，譬如赡养父母和抚养孩子的责任，以及购房时欠下的贷款。对未来城市生活有积极规划的小严也一样，前两年他的父亲被确诊癌症并接受了手术，因此他也贷款在老家镇上购买了一套公寓，想在父母健康时多陪伴他们。

> 我一年到头都在这里（城市）工作，当然属于这儿，但让我买房也不现实，就只能"漂着"。如果条件允许，我当然愿意在大城市定居。（小严，受访者WHM20）

小严用"漂着"概括自己在城市的状态，极为形象地描

---

① 这段文字来自2014年界面新闻对项飙的专访，具体内容可参见《项飙：中国人像蜂鸟，振动翅膀悬在空中》，https://www.pku.org.cn/people/rzhw/84490.htm。

绘出电子厂工人对于自己与城市之间的关系。

漫漫逐梦路：个人发展的想象

在西部工业园案例中，电子厂产业工人们常常在叙事中提及"机会"一词，于是笔者在实证数据分析中，将这个词特编码纳入分析。前面一节的讨论展现了年轻工人为了生活与个人发展不得不辗转于农村老家与各大城市，以及购房小城镇，维持一种"悬浮"的状态。然而，接下来笔者将聚焦此案例中的城乡移民青年对"机会"的叙事。根据这些实证资料，我们可以看到以产业工人为代表的城乡移民青年除"悬浮"之外的各种向城市空间与文化融入的积极尝试。他们追逐"机会"的叙事不仅反映了他们对自己与所在社区各种联系的认知，同时也体现了他们的个体主动性，尤其是对城市权益的期待与实践。

在访谈中，流水线生产车间的青年工人们经常谈及"机会"的重要性，他们会毫不掩饰自己希望在城市里抓住"机会"的强烈动机。那么，访谈中的"机会"可以被解构成什么？这些"机会"与城乡移民青年日常生活的联系是什么？又如何去实践？这些问题引导着笔者进一步了解工业园区城乡移民青年的城市权益实践。在西部工业园区的案例中，工人们言语中的"机会"往往与门槛较低但热门的行业、网络热词、流行生活方式紧密结合。在这个案例中，有差不多一半的工人曾做过房屋中介的工作，其原因是前几年这个行业非常火热，门槛较低，他们都曾相信从事该行业会给他们带来财富。然而，有相关工作经验的受访者都表示最初的期待并未实现，并且后续仍经历频繁跳槽，最终又返回到能保证底薪、提供住宿的电子厂。一直以来，人口流动被社会学家们认为是移民受限于社会结构的理性选择（Faist，2000）。致力于"生命历程"理论研究的 Giele 和 Elder 则认为个体的生命历程深受社会历史的影响（Giele and Elder，1998）。由此，城乡移民青年在日常生活中的实践可以从时代背景与社会制度两方面得以诠释。从受访工人关于"机会"的叙事看，每个年轻人都有跨出电子厂的强烈动机。然而，遗憾的是，并不是每一个义无反顾投身热门行业的青年都能得到他们所期待的回报，也不是他们提及的每一个热词都能被其充分理解。这群电子厂青年工人们难以在现实中实现阶层跃迁，也就造就了他们反复进退工业园区的状态。

阿涛就是这样的一名年轻人。在访谈中，他频繁提到"区块链""虚拟货币"，以及"原始股"等热词。

> 这个社会每天都在发生着变化，我们每一个人如果不主动学习，那很快就会落后。你知道什么是"区块链"吗？你知道什么是"虚拟货币"吗？数字经济将是我们的未来。交易记录将会把我们每个人都连接起来……我们应该抓住每一个机会。在这个世界上，不是每一个有能力的人都能够获得成功，而是那些能够抓住机会的人才能最终获得成功。有人会说，这不就是赌博吗？可是，人生就是赌博啊！（阿涛，受访者 WHM23）

阿涛除了在工人活动中心（工人宿舍配套设施）参与活动，其他时间都在通过社交媒体学习理财投资的知识，渴望抓住"机会"取得成功。阿涛坚定地说道，"这些理财专家总是分享很多投资成功的案例。你看准了项目，抓住了机遇，就会有意想不到的回报"（阿涛，受访者 WHM23）。在后续的访谈中，他依旧不断提及各种"抓住机会"的方式，如各种理财渠道、代理销售"养生鞋"，以及将自己打造成"网络红人"并分享日常生活。这些实证资料反映了电子厂产业工人在城市空间为实现自己城市权益的积极实践。首先，很明显，他们对于城市权益的认知是以财富获得为核心的。其次，可以看到车间工人们努力向"机会"靠近，却又因为个体的信息获取与分析能力有限，难以实现自己对"城市权益"的期待。在前面讨论各个移民理论视角时，笔者提到，许多学者认为工人宿舍空间提供了劳动力再生产的场所，为不能融入城市空间的农民工在城市创造价值提供了充分条件（Chan and Pan, 2009）。现实空间的局限使得青年工人们对虚拟空间产生强依赖。从本研究数据看，西部工业园的青年工人受访者们几乎都是微信、抖音、快手等平台用户，如阿涛的各种"投资"信息就来源于各平台上具备"专业知识"的"理财专家"们。当青年工人的劳动过程和生活空间受限于流水线生产车间以及工人宿舍时，这些存在于虚拟空间中激励青年工人抓住"机会"的"理财专家"们则成为"意见领袖"，不断塑造和强化城乡移民青年关于"城市"空间、文化以及权益的想象，并持续激励着他们追逐这些想象的实践。从这个层面看，新媒体对城乡移民青年个体化发展、城市权益认知影响及形塑作用显著，受算法控制的信息传播与城乡移民青年的城市生活前所未有地紧密相关。

　　除了新媒体的影响力，对青年工人城市权益期待与实践具有巨大影响力的还有"城市"的生活方式。从本研究的数据看，以产业工人为代表的城乡移民青年对城市权益的期待往往与具象的某类生活方式息息相关。在西部工业园的案例中，许多年轻的产业工人在城市的定居计划是不确定的，相比而言，他们对生活方式、下一代的教育有更具象的描述。由于物质条件受限，西部工业园的已婚工人们都选择居住在企业方提供的工人宿舍中，而老人和小孩则留守在农村老家。前面提及的访谈对象小春和丈夫常年在不同城市打工，且父母和孩子们在农村老家生活。由于很难在锦城买房，夫妻俩折中选择在老家所在的县级市买了房子。小春说，希望新家里的家装尽量简单，并希望新家的客厅有一块大黑板。

> 据说北欧的"极简风"能化繁为简，可以激发小朋友的想象力！我希望以后自己的小孩能多读书，多学习知识，能比他们的爸爸妈妈强！（小春，受访者 WHM19）

西部工业园的青年产业工人们对"机会"的阐述勾画出他们在锦城漫漫逐梦路的期待与实践。其中，他们对"理想（或成功）城市生活"的想象多与健身、度假、个人发展等生活方式相关。尽管这些期待与他们当下现实生活有一定距离，但是新媒体造就的"意见领袖"对青年产业工人的影响无处不在，并指引着他们在城市日常生活中主体性实践的方向。美国社会学家 Katz 曾指出，意见领袖的形成可能包括以下几个特点：价值观念的表达、专业领域的竞争力，以及社交网络的应用（Katz, 1957）。本研究中的"意见领袖"所代表的价值观念和生活方式接近中产白领的观念与行动。这不仅是一个经验判断，也是从实证数据中得出的结论。有研究表明，当下消费文化是以中产阶层为核心（扈海鹏，2017），因此，我们有理由推测青年城乡移民城市权益的期待与实践深受以中产为代表的"意见领袖"的影响。"意见领袖"对青年产业工人的影响反映的是中国社会繁荣的市场经济与消费文化，而产业工人追逐"意见领袖"的各种行动则反映了他们在"阶层跃迁"与"社会身份"压力下所产生的焦虑。

根据以上实证资料，笔者认为市场经济以及消费文化构建着产业工业园区城乡移民青年的城市权益期待的"无形的手"，不断影响着他们对自己与社区关系的判断，以及生产和生活的动机。英国社会学家 B. S. Turner 提到，在当下市场与消费文化的情境下，传统意义上的公民权（成员身份与匹配的权利集合）逐渐向"消费者公民身份"（consumer citizenship）倾斜。"消费者公民身份"的出现，导致民众与政治或民间团体相割裂，与此同时，民众的公民身份实践也逐渐趋于"即时性"与"短期性"（Turner，2017）。这一观点在本研究中也得以验证。在市场经济以及消费文化的影响下，"消费者公民身份"这一概念模糊了"城市人"与"农村人"制度身份上的区别，不断冲击传统城乡二元结构视阈下建构的身份体系。同时，新媒体的发展拓展了城乡移民的"城市生活"空间，使学界不得不重新审视空间、城乡移民青年城市权益期待与实践之间的关系。

电子厂园区的"项目制"：
产业工人城市权益实践的多元主体分析

与其他两个移民社区不同，西部工业园的住宅类型为

"工人宿舍"。这种居住类型之下，相对来说移民数量更多、人口更集中，外部组织管理相对更加严格，因此具有一定代表性。在这个案例中，笔者最大的感受是政府参与管理和提供服务的范围更广泛，并采用联合企业和社会组织的力量共同参与管理和提供服务的方式。于是，以产业工人为代表的城乡移民青年与其他组织之间在日常生活中的联系较其他两个案例则更加紧密。这一小节将对这些组织与产业工人之间的互动关系进行厘清和详细阐述。根据参与的组织以及服务分派的层级，笔者将西部工业园与产业工人有互动的组织主要分为三个层级（见图4－2）：核心组织、次生组织、服务群体。

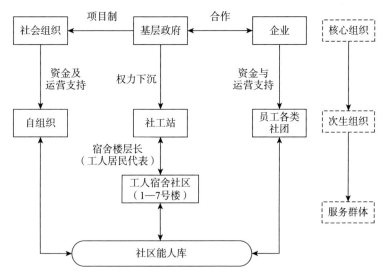

图4－2 西部工业园案例中与产业工人相关的组织互动关系

注：笔者根据田野调查日记整理。

首先，该案例的主要田野场在工人宿舍社区，该区域的主要核心组织分别是辖区街道办事处（基层政府）、企业以及多家社会组织。如图4-2所示，在这一层级中，基层政府占据最核心的位置，并通过项目招标的方式向社会组织购买该工人宿舍社区的公共服务，以"项目制"的路径从资金和运营各个层面对社会组织进行监管。这些项目在这个田野场主要分为两种类型：一是举办日常社区活动或主题性活动，包括职业培训、技能比武、社区志愿者服务、节日主题活动等；二是扶持工人的自组织、社区社会组织的建设，促进工人与社区的联系。与此同时，街道办事处还会与辖区内的各个企业展开合作，进行资源共享，以共同促进工人宿舍社区的有效管理与服务供给。

其次，三个核心组织又衍生出新的组织，笔者统称为"次生组织"。这类组织同样在该社区服务与管理系统中发挥着重要作用。在权力关系方面，次生组织受制于上级机构。比如，基层政府在辖区各个工人宿舍的院落内设置了社工站，其提供的服务面向所有居住在院落的工人们，以增进院落内工人福祉。从语义上看，社工站的设置旨在社区治理中引进"专业技术"的管理思路，但实际上社工站的运营主要是基层政府（街道办事处）的工作人员驻点服务，是独立于通过"项目制"进驻社区进行服务的社会组织所设置的机构，更贴近"网格化"社区管理的治理逻辑。同时，社会组织和各个企业都有扶持发展工人的自组织。这些自组织主要是工人自发建立的丰富业余生活的各类兴趣团体，其设立目的在于增强工人与社区的联系，并丰富社区文化活动。

最后，工人宿舍社区的第三个组织层级是服务群体，即辖区内所有工人群体。基层政府通过"项目制"与社会组织合作提供社区服务，覆盖了辖区7栋工人宿舍楼。在各个社区服务项目日常运营中，核心组织基层政府、企业、社会组织时常需要依靠"能人库"的支持。这些能人来自产业工人群体，是社区的积极分子，在社区日常事务中承担着各组织之间"中间人"的角色。此外，各个院落的宿舍楼层还会选出"楼层长"，在楼栋管理中承担着信息传达、活动动员的工作。

对工人宿舍园区这一田野场内各个层级组织的界定是了解场内各个组织与目标群体互动的关键。如前所述，该案例中的城乡移民大多是电子厂流水线生产车间的工人，从制度身份看算不上"常住居民"，因此，该田野场所属社区不能像城市里其他社区一样享有政府的公共服务和社会管理专项基金的支持，而是靠锦城政府的其他各类专项资金扶持。根据该案例基层政府工作人员的访谈内容，这类资金的使用受制于非常严格的实施条例与过程监管：首先，基层政府通过公开招标的方式采购公共服务；其次，竞标成功的社会组织除了进行社区内公共空间设施维护与管理以外，还要参与设计与执行社区内面向工人的各类赋能项目；此外，社会组织的每项活动计划必须上报辖区街道办事处，获得备案和批准以后才能执行。

笔者在西部工业园进行田野调查期间，该社区一共有三家社会组织服务于辖区工人。值得注意的是，这三家社会组织不仅评级较高（均为5A级社会组织），而且工作内容高度相似，主要开展了包括工人职业培训与技能比武、工人志愿者服务，以及定期的文体娱乐休闲活动。社会组织的评级标准是基层政府采购公共服务的重要考量指标，于是相应地，社会组织所开展的项目也会纳入基层政府年度工作考核中。在专项资金分配方面，以目标社会组织"S"为例，每年获得政府项目费用共计100万元人民币，其中项目运营占比为20%，物料、设施维护以及社会组织社工工资占比为 60%，另外，项目管理成本占比为 20%（社工小朱，受访者 WHG09）。

在目标社区里，政府和社会组织在项目实施过程中存在紧张关系。政府采购公共服务的项目资金既有严格指定的使用范围，也有明晰的审计标准。因此，在执行过程中，社会组织每项计划（无论在线上还是线下实施）至少需提前一个月向辖区街道办事处进行报备，并经过街道办事处审核和批准后方能予以实施。而且，在活动结束后，赋能服务活动的每项财务报销项目都要进行再次审计。由于这些赋能项目管理制度在提供"专业"服务以外增添许多行政程序的烦琐工作，社工们对此有诸多抱怨。笔者认为，这些实证观察与学界对"项目制"的批判一致。虽然"项目制"的初衷是创建一种糅合"专家治理"的机制，但在实践中却耗费了大量的行政资源（折晓叶、陈婴婴，2011）。于是，整个系统的执行过程产生了一种新的权威，委托方与承接方都必须严格遵守。这种新权威一方面突破了传统行政科层制"专有授权"的管理模式，融入了其他专业技术组织；另一方面也在实践中带来了新的紧张关系。项目实施过程所产生的新权威不仅对社工"专业技术"有所束缚，而且对社工和政府部门工作人员均带来巨大的工作压力。在访谈中，有社工做出如下评论。

> 在平时的项目运营中，所有工作内容和流程都有既定的程序和规范，能使用我自己专业技术的空间非常有限。这对于年轻社工而言，是一件很遗憾的事情……（社工阿莲，受访者 WHN12）

同时，政府工作人员也对项目实施流程的工作负荷有所不满。对于基层政府，除了通过"项目制"委托社会组织提供的公共服务，"条块"行政结构的既定工作内容也需要推进。比如，案例中街道办事处的党建和群团部门表示，他们平时也承担了"两新组织"党建以及各类群团活动的工作。然而，这些服务内容经常与"项目制"所协定的公共服务内容有重叠。政府工作人员表示，虽然在实践过程中能够与负责赋能项目的社会组织资源共享，但由于与"项目制"设置的初衷有很大出入，专业人员"不专业"、政府工作人员"没办法放手"的现象时有发生。上述"项目制"的实践困境使得赋能项目目标达成有限。不可否认，赋能项目作为新的治理手段给基层治理带来新的实现形式，但同时也因技术的体制化限制了其内容设计与实施。以上是关于"项目制"执行主体之间的矛盾，除此之外，本研究还发现，城乡移民青年工人需求与赋能项目内容设置也存在紧张关系。

基于对城乡移民青年工人积极城市身份实践与赋能项目实施困境的探讨，本研究认为，对产业工人类型的城市权益诉求认知不足，是政府与社会组织赋能项目"失焦"的重要原因之一。在调研过程中，政府的工作人员表示，目标社区内的所有赋能项目，包括日常活动开展以及工人的自组织的建立，都尤其依赖"能人库"里工人积极分子的支持。这在一定程度上导致赋能项目影响力不足，以及项目实际服务群体规模有限。此外，赋能项目的内容设置依旧采取"自上而下"的行动逻辑，对工人群体积极城市身份的认知与实践了解不足，导致赋能项目难以在内容上满足社区内工人的真实需求，并在执行上难以吸引"非能人"的工人参与。在目标社区里，能人被政府、社会组织和企业重视，成为各类活动开展的"中间人"。他们来自工人群体，具有参与活动的积极主动性，并在社区内有较广的社交网络与较强的动员能力。在罗家德和孙瑜等人关于自组织能人现象的讨论中，曾提出自组织的治理机制有两个主要特点：一是社群网络成员的互动；二是自组织团体的网络结构（罗家德、孙瑜、谢朝霞、和珊珊，2013）。他们在论证能人现象过程中，援引了乡村社区自组织的个案，将能人定义为"动员精英"，特指那些"能干或某些方面才能出众的人，能够影响社区内其他成员的态度和行为的人"（罗家德、孙瑜、谢朝霞、和珊珊，2013）。学界对"能人现象"的讨论通常基于社会资本或者"熟人社会"的解释框架（翟学伟，2004），且能人的构建一定与密集的社会关系、个人威信，以及强烈的社区认同感相关联。然而，在本研究里，这些工人宿舍社区中的能人通常会被政府、社会组织以及企业挖掘，成为各类自组织的管理人，比如，各个兴趣社团的"社长"。他们在组织管理中，承担着政府或者社会组织的"代理人"角色。与以往研究中的能人不同，能人效应在目标社区的影响力比较有限。笔者认为，产生这一结果的原因有两方面。首先，是社区本身的属性。目标社区的工人几乎都是各类企业生产车间一线工人，员工流动性相对其他行业较高。在这种情况下，个体之间的社会关联与社区认同感均比较薄弱。在案例中，被纳入"能人库"的能人们通常都是在社区居住时间较长，且跟其他组织之间的关系比较密切的主体，因而在目标社区里，能人的实际表现更趋近于"熟人"，其动员能力、个人威信等相对有限。其次，另外一个重要的原因是项目内容设置。目标社区赋能项目内容通常采取"自上而下"设计，主要依赖专业技术专家与政府组织的意见，而未能对城乡移民青年工人积极城市身份在当下日常生活中的构建与变化予以及时回应。这样的紧张关系使得"项目制"的目标设置"失焦"于城乡移民青年工人的实际需求，难以扩大服务对象的参与度与项目的持续性。在调研期间，项目专职社工也表达过类似担忧。

> 让人担心的一个趋势是，赋能项目的参与人通常集中在一个小群体，比如能人们或者与其有紧密联系的人。我们很难扩展项目的影响力，这显然与我们的项目目标相左。（社工玲玲，受访者WHN14）

本研究认为，工人宿舍社区的赋能项目倘若不能对城乡移民青年工人正在发生变化的价值观与实践予以回应，并加以引导，那么赋能项目的发展必定会呈现螺旋式下降的趋势。

在过去十多年中，学者们对这类赋能项目为代表的"项目制"广泛讨论，成为中国社会治理研究领域的热词（周黎安，2014；周雪光，2015；折晓叶、陈婴婴，2011；陈家建、张琼文、胡俞，2015）。这一概念的行动逻辑主要是产生一种旨在解决传统科层制束缚，并解决国家常规资源配置中内生于中央统辖权与地方治理权矛盾的治理模式。一些学者指出这种治理模式的积极意义。比如，郭琳琳与段钢认为，"项目制"突破我国常规的"条块"模式，导入市场竞争因素，融合了"行政授权"和"竞争性授权"；同时在实施过程中，又融合"技术治理"的理念，逐步显现"专家治国""项目治国"的趋势（郭琳琳、段钢，2014）。针对"项目制"在实践中的多种呈现形式，周雪光指出"专有性关系"与"参与选择权"是两个最为关键的要素。其中，前者界定了项目委托方与承接方之间的关联，后者则保障了下级单位的自由裁量权。基于这两个要件的强弱程度，周雪光进而归纳出"项目制"在实践中组织形态的四种理想类型，即上级指定、双边契约、科层制，以及即时市场（周雪光，2015）。而在本书中，工人宿舍社区进行的赋能项目是属于政府面向社会招标、政府采购公共服务的项目，理论上是政府予以专项经费，社会组织自行提供专业服务的契约关系，因此，更接近于以上四种理想类型中的"即时市场"类，即委托方与承接方专有性关系较低，而承接方在实践中参与选择权较高的一种状态。

在对"项目制"理论进行充分肯定与关注的同时，学界也揭露了在实践过程中"项目制"显现的风险以及弊端。比如，渠敬东曾指出"项目制"有可能带来集体债务、部门利益冲突，以及由此引发的系统性风险（Qu，2012）。陈家建等人则用案例分析指出"项目制"不仅提供了从上至下的治理新模式，同时下级政府也生成了反控手段，出现了基层治理"脱嵌"的状况（陈家建、张琼文、胡俞，2015；陈家建、边慧敏、邓湘树，2013）。周雪光批判"项目制"在实践中更易倾向于"集权制度运作过程在资源高度集中条件下的逻辑延伸"，更为强化"长官意志"（周雪光，2015），并因此增加基层治理的紧张关系。

小　结

跟随相似的方法路径，本章聚焦"工人宿舍"类型的城乡移民社区——西部工业园，对该社区的城乡移民青年日常生活进行了深度观察。首先，本章从城乡移民工人的话语中探讨了他们在城市空间对于自我身份的认知。由于工人宿舍类型的社区具有其显著特点，比如相对较封闭且工作与生活区域无缝衔接，笔者发现尽管移民工人已然适应大城市的工作生活环境，但依然不太确定未来是否能在该城市定居的"悬浮"状态。在这样不确定的情境下，笔者又探讨了移民青年工人的各种积极主动实践，其中，从海量访谈资料中，笔者尤其关注到移民工人对"机会"的阐述。在相对封闭的移民空间类型中，移民青年深受新媒体意见领袖的影响，网络热词与吸引眼球的生活方式成为移民青年工人对城市空间与权益的期待与想象。本章还讨论了该案例移民工人关于城市定居议题的"折中"策略，即如果不能在务工城市购房定居，那么他们更倾向于在农村老家所在的县级城市购房，将自己的期待向现实条件做了妥协。

此外，本章着重阐释了在这样一个典型的封闭移民空间里，移民工人与其他行动者（基层政府、企业、社会组织）是如何互动的。本章将该案例相关行动者划分为三个层级——核心组织、次生组织和服务群体。其中，在数据分析中，本研究着重探讨了"项目制"在本案例中的实践。通过初步观察，笔者认为相比花镇，西部工业园给予了移民工人更丰富的权益保障，虽然这些实践通常带有功能主义倾向，且成效也有限。以上这些实证数据不仅让读者更了解此类特征的移民空间类型以及相关移民城市权益的实际状况，同时也为研究进一步探讨奠定了基础。

第五章　城乡移民精英的"锦漂"生活

前面两章主要分别介绍了城中村与工人宿舍住宅类型里居住的城乡移民，而在这一章中，笔者将分析那些被制度规划为"人才"的城乡移民青年。自 2017 年以来，受到有关移民网络流行语"北漂"和"沪漂"的启发，锦城政府开始宣传"锦漂"的概念，一系列旨在通过"人才引进"路径提升城市竞争力的措施。在此背景下，笔者聚焦新城案例，一个聚集了诸多高新技术产业、金融、新媒体，以及新兴创新企业的区域。这个案例中，尽管目标群体青年依旧来自农村，但由于其教育程度或专业技术水平、收入、年龄普遍显现优势，他们实际获得的城市权益与其他两个案例中的移民是有显著差别的。这些观察将直接指向研究的核心论点与发现。

关于"身份"的自我阐述

与前两章的城乡移民青年相比，"新城"案例中的移民体现在受教育程度、收入以及工作行业方面显现明显差异。从新城受访者的移民经历来看，他们个人发展因为一些关键决策被渲染了几分"宿命论"的色彩，这些关键决策几乎与"上学""移民"，抑或是"定居"的内容相关。从表面上看，个体在做这些关键决策时似乎仅是私人领域内一种生活方式的选择，但事实上，城市权益的差异性以及区域间社会经济的不均衡发展等结构性因素也深深嵌入"私人领域"的选择中。从这一章节中新城移民有关"身份"自述，我们可以看到移民与所在城市之间的联系是如何被这些关键决策强化的。

首先，无论个人规划还是定居选择，新城移民都显现出非常确定的在城市定居的意愿，且在城市空间具有强烈的归属感。受访者阿辉25岁，拥有硕士学位，是所有移民受访者中学历最高的代表之一。他的家乡在豫南农村，在锦城的一所学校硕士研究生毕业以后便留在这座城市继续工作。在访谈中，他尤其提到家乡如何注重"安土重迁"的传统，因此，与很多移民青年不同的是，他的父母没有移民务工的经历，他在外出读大学之前，一直与父母、兄长生活。作为原生家庭里面唯一远走他乡的家庭成员，在获得研究生学位并在一家银行获得较有竞争力的职位以后，阿辉成为家里的"骄傲"。然而，据阿辉叙述，他从农村到城市的这一路发展看似是个人成就，实际上是建立在其他家庭成员的"牺牲"上的。

阿辉是家里的小儿子，由于20世纪90年代严格的"计划生育"政策，他的出生伴随着对这个家庭来说的"巨额"的罚款，这无疑给家庭带来了额外的经济重负。阿辉的哥哥比他年长7岁，学习成绩曾非常好，但2001年的农忙假期间，哥哥被诊断为白癜风。由于缺乏医学知识和心理健康支持，阿辉哥哥一直与"病耻感"抗争，但最终他依旧遗憾地辍学，未能参加高考。阿辉坦白道，如果当时不是哥哥因病辍学，那他将不可能进入大学校园，或者进一步读研究生，因为家里的经济情况只能供得起一个大学生。阿辉在讲述这些故事时常透露出伤感，他分享的这些经历不仅是个人史或家庭史，而且直接反映了国内区域间与城乡间的经济状况、医疗服务、心理健康支持等差异性的实际权益。

阿辉说到，在锦城具有十足的归属感，这种归属感亦是建立在家庭分工协作策略基础之上。阿辉提及他的哥哥当下以及未来会代替他承担更多赡养父母的责任，正是这种家人给的底气才让他能放心地远离家乡在城市工作和生活，同时，他在锦城的个人发展与成就也可以为在家乡的家人提供经济与社会资源上的支持。这种建立在大家庭分工协作上的"归属感"不仅有效地跨越了城市和农村两个空间的障碍，触及更多的社会资本，同时也削减了城市权益的追求与家庭赡养老人伦理道德之间的冲突。这种家庭责任分工协作的家庭内部契约在城乡移民精英受访者经验里特别普遍，尤其是非独生子女家庭中。29岁的小白是家里三个孩子中年龄最大的，念完大学后几经跳槽最终来到锦城新城的一家科技公司担任中层管理人员。

> 我父母一直有"重男轻女"的传统心态，所以直到有我弟弟以后他们才没再要小孩。从在外读书开始，我就一直很独立，成长过程中父母也没有怎么陪伴我，以后肯定是弟弟承担赡养父母的责任，我会在经济上给予一些支持。这不仅是我们姐弟之间的协商结果，也是父母的意愿。（小白，受访者SHM32）

与阿辉的案例相似，小白的原生家庭也达成某种家庭责任分工协作的内部契约，这使得这些经济条件好、工作稳定的城乡移民精英们更有机会在流入城市建立"归属感"以及更明确的身份认同。

> 我的未婚夫、房、车都实实在在地证明了我在这座城市多年的打拼，所以我当然属于这里。（小白，受访者SHM32）

与其他两个案例的移民不同，新城移民没有抱着"得过且过"的态度，而是对在这座城市的工作和生活有明确的规划，并且表现出更多的信心和决心。新城案例的受访者都将购买房产视为建构"归属感"的重要因素之一，他们要么已在锦城购房要么快要购房。比如阿辉，他刚刚毕业，企业为刚入职的新职员提供了为期一年的周转公寓。阿辉说"买房"将是接下来一两年里他生活里的大事。他已经熟悉并研究了锦城购房的所有政策，包括购房资质、贷款政策、投资区域。与其他两个案例的移民相比，"身份认同"不再是抽象或离散的状态，不再是退而求其次但又努力追逐城市梦的漫漫长路，而是更加具象和实际可得的物质基础和生活条件。

尽管新城移民有以上关于"归属感"的阐述，从生活方式和叙事来看，他们的生活依然被大都市的工作文化"碎片化"。新城城乡移民青年在访谈中多次提及的"搬砖""996""打工人"等网络热词，也是在其他两个案例中不太常见的，这可从他们的职业类型差异上进行解释。与前两个案例中移民不稳定就业或产业工人职业情况不同，新城城乡移民教育程度较高，均是在国内外知名企业的管理型岗位就职或是自主创业，体现出不同的工作文化。新城受访者萍姐是一家日企的管理人员，萍姐家在湖北农村，在深圳一家日企工作了 14 年，现在由于丈夫在深圳创业失败后到锦城重新开始工作，她也带着女儿一起随丈夫来到锦城。萍姐感叹道，"现在公司里年轻人'996'的工作文化导致上班族的日常生活也特别简单，工作占据太多时间，所剩无几的假期也折腾不起来"（萍姐，受访者 SHM35）。阿辉也印证了这一点，"我更倾向于独自一人阅读或上网度过自己的假期，工作太忙了，休息时就想一个人静静。我的好朋友现在都不在锦城，但也会通过微信或其他社交媒体跟他们保持联系。我相信作为城市里的'陌生人'，大多数外来青年的生活方式都差不太多"（阿辉，受访者 SHM34）。网络热词"996""搬砖""打工人"更符合像新城案例中这种"白领"阶层的群体创造出来的话语体系。这个阶层的城乡移民相比前两种类型的移民群体来说经济社会地位相对稳定，只有在这种较为稳定结构之上，劳动过程的不合理现象才能被问题化、标签化。当然，这也与这些移民在社会空间里有较强的话语权相关。譬如，"白领阶层"的新城移民虽然闲余时间有限但较另外两个案例的移民而言更固定，因此，他们更有可能引领有关工作文化的话题。相应地，花镇和西部工业园的移民们劳动时间长、劳动关系较不稳定，需要有更多的劳动时间来换取可以在城市生存的收入。根据三个移民社区呈现的差异性可以推测城乡移民的差异性是日趋明显的，尤其新城案例的移民，反映着一部分城乡移民青年正在被形塑成中国社会新阶层。

移民精英身份认同的主动"原子化"：
个体权益多元性与理性选择

上一节从青年工作文化的角度提及移民青年在大城市日常生活中的"原子化"状态，在访谈中，新城城乡移民青年的心态、日常生活实践也不断扩展移民城市权益的内涵，比如，实证资料提示城乡移民的城市权益诉求呈现多元化，移民精英与正式组织之间呈现"弱关系"等现象，都不得不提醒笔者反思对城乡移民青年的制度身份与相应的城市权益的传统理解是否还匹配当下移民青年的实际情况？这些问题也引领着笔者进一步对移民青年在城市空间的城市权益实践进行探索。

自我范畴化：对城市权益诉求领域的主动表达

在田野调查过程中，笔者越发清晰地感受到城市权益在日常生活实践中所体现出的多维理解——一是政策制定者认为的城市权益；二是移民日常生活中真正的城市权益诉求。前者通常体现出的是普遍性的、有关社会公平与人民福祉的制度考量，而后者则是移民在城市空间内日常生活实践中构建的城市权益诉求。在田野调查过程中，新城移民受访者的自我阐述会把自己的真实权益诉求充分体现在自我标签化的情境中，于是，笔者可以看到此类移民在城市空间中对社会经济权益的偏好，而与马歇尔公民权利理论框架里的另外两个要素——政治与民事权益——保持距离。受访者孔先生快四十岁了，来自重庆的农村，在大学毕业以后他曾在多个大城市工作过，最终与家人在锦城定居下来。在分享自己城市权益实践与政府的关系时，笔者注意到他将自己自我范畴化（self-categorisation）为"小老百姓"——一种略带自嘲意味的称谓。自我范畴化是一个社会心理学概念，旨在描述一群人（包括自身）视为一个群体的具体环境，以及将人们视为一个群体的后续效应（Haslam, et al, 1997）。尽管自我范畴化是群体社会认同路径的重要因素，然而却被学界广泛运用于解读个人与群体身份认同，包括社会影响力、群体凝聚力、群体分化以及集体行动等主要议题（Turner, Hogg, Oakes, Reicher and Wetherell, 1987）。在与孔先生的谈话中，他展示出对当前经济形势的担忧，频繁提到"CPI""追赶效应""外汇储备"等有关国际政治经济话题的术语。面对笔者有关城市权益诉求相关的问题时，他的回答如下。

> 我没有什么特别担心的。只要政治稳定、经济好，我认为我们这些小老百姓也不太关心政治权益的东西，因为这些东西又不能当饭吃。我认为，决定这个社会走向的关键在于当前政治经济不要脱轨，我们小老百姓关心的权益主要还是粮食安全、医疗和教育！（孔先生，受访者SHM36）

从以上孔先生的自我阐述来看，他个人关心的城市权益内容十分明确，且这种心态在新城案例受访者中普遍存在。改革开放以后，中国社会开始了城乡移民的浪潮，市场经济的快速发展也形塑着移民的伦理道德观，对于新城移民这种以"白领"工作类型为主的群体，城市空间里的快节奏的生活和工作日程使他们易与工作以外的社会生活脱嵌，进而使得其政治或民事权益的实践相对较少。同时，与城中村和电子厂里的移民相比，新城案例中的城乡移民的教育程度、社会经济地位较高，劳资关系与社会保障稳定，于是，他们的城市权益诉求早已不限于普遍性的社会权益内容，而是侧重具有竞争性的、排斥性的公共产品，权益诉求明确且务实。访谈中，孔先生还提及了邓小平同志的话——"'无论黑猫白猫，抓到老鼠就是好猫'，我们小老百姓在这个城市生活也是如此，把日子过好就是赢家"（孔先生，受访者 SHM36）。这句话生动体现了新城移民当下对城市权益认知与实践。

女性在城市空间与权益实践的主动性

较其他两个案例的女性受访者而言，新城案例中的女性移民展现出对城市空间与权益实践特别积极明显的自主意识。这一部分的实证资料为城市权益的含义增添了性别视角，探讨了女性在城市空间内对权益与相关实践的积极主张，并提醒学界需跨越"制度身份"框架下权益理解的樊篱，还应从结合实践的多元角度重塑对城市权益的解读与讨论。

在一个由社会组织举办的针对新城单身男女的相亲活动上，笔者认识了三位年轻女性——娇娇、欧阳和小王。娇娇已有未婚夫，参加各种相亲活动主要是为了陪伴好朋友欧阳和小王。相亲活动的举办方是新城政府和相关群团组织，以及通过"项目制"参与社区服务供给的社会组织。娇娇在访谈中直言，新城的男女移民青年都很优秀，但由于工作节奏紧张，社交圈小，很多移民青年尤其是女性青年，都还是单身，这一现象和受访者中的新城政府工作人员提供的信息完全相符。

与花镇和西部工业园案例中的女性移民不同，新城女性移

图 5 - 1　新城移民青年的相亲联谊活动（拍摄者：张舒婷）

民在锦城的工作生活中体现出更明显的主体性。尽管这些女性移民同样来自农村，但是较优越的社会经济条件也影响了她们消费与生活方式等方面的价值观，以及对城市生活的态度——这些论点在新城女性移民选择伴侣的决定上展现得十分充分。在许多次新城移民相亲活动观察中，笔者发现这个案例中的女性移民将"素质"话语内化，并用在伴侣选择这一行为中。在一次相亲活动中，娇娇在现场边观察边评论。

　　今天这场活动的男嘉宾"素质"不够好，我朋友都是"优质女"，估计今天没戏。如果（女嘉宾）想在这个城市安定下来，选择一个价值观和各方面条件都差不多的伴侣是非常重要的。我想，谁也不会找一个拖累未来生活质量的人。（娇娇，受访者 SHM33）

根据前面的关于移民研究"素质理论"的综述，笔者可以了解到"素质"如何在制度与社会生活领域成为一种"治理术"嵌入移民相关政策制定以及"生活政治"中。在上述情境中，笔者再一次观察到新城女性移民如何将这套话语体系内化，并糅合到城市空间下的个人发展的理性选择之中。

"婚恋市场"是这些相亲男女移民青年在访谈中常出现的一个词。作为观察者，笔者且不先入为主地探讨这些词或语境所蕴含的价值判断，但讨论这些语境形成的缘由以及对移民青年在城市空间内日常生活的影响可以帮助笔者完善"空间－日常生活实践－实际城乡权益"的分析逻辑链。既然是"市场"，就存在竞争，负责青年工作的社会组织负责人小贝提到"婚恋市场差序格局"的概念。

> 新城好多女性青年都不好找对象，这就是"婚恋市场差序格局"造成的，比如，如果将这些移民青年的个人素质排个序列的话，那么 A 类别的女青年一般不愿意选择低于 A 类别的男青年作为伴侣，而相反，A 类别的男青年则没有太多特定要求，这似乎已是约定俗成的一个社会事实。（小贝，受访者 SHN31）

即便是面对一个看似是私领域的议题，我们也可以看到当将其置于社会结构的框架中，便衍生为一个具有公共性的问题。比如，"素质"话语体系的内化使得个人在城市中实际获得的权益都被编码且量化。在新城案例中观摩移民青年活动时，笔者了解到男女青年将个人是否拥有稳定工作、是否缴纳社保、是否在体制内（或有编制）工作，以及是否购房等作为量化其"素质"的关键指标，于是他们的劳动权益、社会保障权益、定居期待与实践都与"婚恋"这个议题融合。此外，组织之间的互动也将这个议题上升到权益实践的范畴。通过三个案例的横向比较，笔者也只有在新城案例中可以看到政府投入很多资源去促进"相亲"等交友类活动。这行动背后的逻辑可能是政府观察到新城移民"原子化"的生活文化，同时又力图让人才能定居、乐居，实现社区长期稳定繁荣发展，于是才将资源投入移民青年各种联谊活动中。

即使面对存在竞争性的"婚恋市场"，较另外两个案例中的女性受访者而言，新城女性移民没有"悬浮"的身份认同，没有对在城市空间权益实践有任何彷徨，而是表现出强烈的定居动机以及实现权益最大化的决心。与笔者多次交谈的新城女性受访者，无一例外地都有单独在这个城市空间获取权益、自我发展的一套策略。

> 我认为生活经历使人成熟，但工作经历让人更加自信，能够独立工作是每个移民女性在这座城市实践权益的第一步。（娇娇，受访者SHM33）

娇娇的"金句"给笔者留下深刻印象。以往对中国城乡移民的研究中，学者们指出符合户籍"农转非"的情况有7类（Chan，2009：202），其中，"婚姻"曾是农村妇女在城市空间获取制度身份以及权益较为普遍的途径。然而，新城女性移民相关实证数据证明这个案例中的女性移民不仅不会依赖婚姻来获取在这座城市的制度身份以及相应的社会权益，而且在城市空间追求权益最大化的这条路途中尽显"素质"话语的深远影响以及更为积极主动的立场。这些观察都显示出本土移民政策暗含的"移民禀赋筛选"的倾向实际上与移民精英内化的一套价值观念相吻合。此外，女性移民经验也丰富了学界过往对"制度身份与城市权益"的理解。城乡移民的身份与权益不再是一个基于文本的单维度"成员资格"，而是可以发展成涵盖消费、生活方式、性别视角等多维领域的概念，且这些多维领域都与移民自身的积极实践紧密相关。

"进可攻退可守"：城乡移民精英关于制度身份的自由裁量权

在前面有关本土户籍制度与移民政策的综述中，我们可以看到户籍制度改革与移民人才引进计划对移民精英在城市定居的政策倾斜，那么，对于移民精英而言，他们的实践又是如何的呢？对此，新城案例可以提供更多经验资料和视角。在过去广泛的中国城乡移民研究中，学界普遍认为户口制度是区分农村居民和城市居民实际权益的主要制度设计（Solinger，1999；Chan and Buckingham，2008；Chan，2009）。但从近年来户籍制度改革的进展来看，制度障碍进一步松绑，农村居民可以自由迁徙且居住在城市。尽管如此，新城案例中的移民精英们似乎比城中村与产业工业园区的移民享有更多的选择权，这亦是城市权益差异性的体现。

从三个案例的移民访谈资料来看，城乡移民在流入城市的"归属感"很大程度上建立在是否在当地定居以及购房。在过去，城乡二元的户籍制度使农村居民很难在流入城市定居或获得购房资格，从而进一步将农村人口排斥在城市权益以外，尤其包括教育、医疗、社会保障等重要领域。但如今，政策的持续松绑，比如"居住证"与"积分制"制度的出现，逐渐使得城乡移民的城市权益的实现途径发生改变，城乡移民不一定通过户籍这唯一渠道获取城市权益。更甚者，对于一部分城乡移民而言，他们基于理性选择可以作出对自己更有利的选择。在新城案例中，有受访者就明确表示不会将自己的户口转到锦城，尽管他们完全有这个资质。

萍姐的女儿现在小学一年级，在搬到锦城来之前，他们一家已在深圳购房，并已将农村的户口迁入深圳。萍姐在访谈中细述着这个决定的重要性。她所在的公司和家离深圳到香港的一处通关口岸特别近，由于深圳户籍居民可以享受往返香港"一签多行"①的优待，不论工作还是旅行，出行香港都非常便利，他们就将户口转到了深圳。如今，虽然举家已经迁至锦城，同时也在这座城市买了房产，但为了自己女儿以后的教育有更多可能性，他们并没有选择将户口从深圳转至锦城。然而，这样的决策也并不会影响她在锦城的城市权益，比如，他们可以通过社保缴纳和"居住证"的渠道获取购房资格，同时女儿也可以就地进入小学。如此看来，像新城这样的城乡移民，他们的城市权益获取已经具备和户籍制度脱钩的条件，不仅如此，此类人群还可以通过政策优待、物质经济条件、自身禀赋使利益最大化。

如果说萍姐关于户籍的选择体现的是基于两个大城市之间权益差异性的理性抉择，阿辉则面对的是城市和乡村之间的权

---

① "一签多行"在这里指深圳户籍居民旅行签注有效期内可以多次往返香港，相比其他城市居民而言有更多优先权。

益选择。阿辉从读大学开始，就一直没有外迁户口，直到现在依然保留着河南老家的农村户籍。据阿辉解释，户籍至今依旧与农村社区正式或非正式的权益分配紧密捆绑在一起。亦是经由理性考虑，阿辉尽管决定今后要在锦城定居、发展，但是从未考虑过要将户口转至这座城市。

> 根据当下城市规划，我老家所在的那个村子将来会建一个工业园区和高铁站，我以前出来读书就没有把户口转出来，今后也不会考虑转。第一，我将来可以获得政府征地补偿。第二，我认为现在农村户籍与城市户籍没有什么区别，有些时候甚至农村户口更占优势。比如以前城市户口的重要性主要体现在买房子这件事情上，但现在不同了，我可以通过缴纳社保和居住证来实现啊……（阿辉，受访者SHM34）

阿辉的选择也体现出当下制度身份所带来的权益差异性，以及城乡移民对自己制度身份的理性选择。过去城乡二元户籍制度确立的中国福利体制不仅使得城市户籍赋予的公共产品和权益具有高排斥性和竞争性的特点，而且导致农村户口居民在社会文化上成为次级群体，进而产生农村户籍污名化的社会现象。然而，新城移民的实证资料证明，对于年轻、学历高、工作稳定且经济条件较好的城乡移民而言，对城市户籍的追求热情有所冷却，他们不再认为城市户口是城市权益的唯一"成员资格"，而是将不同地点户籍赋予的权益进行理性比选，拥有对"成员资格"更大的自由裁量权，最终实现自身权益最大化。在此情境下，农村户籍的污名化也在城乡移民精英的日常生活中逐渐式微。较新城移民精英而言，前面两个案例中的城乡移民群体的城市生活与实际享有的权益便没有如此友好，他们更容易遭遇农村户籍或移民身份"污名化"的情况，并常处在不确定工作与生活的"悬浮"状态；他们依旧在为在城市"生存"的机会奋斗与观望，而鲜有理性选择的机会。由此，城乡移民群体内部的禀赋与城市权益的差异性可见一斑。

让精英留住："原子化"的城市生活
与公共服务特权群体之间的悖论

在户籍制度深化改革和人才竞争的背景下，中国各大城市也纷纷出台包括"积分制""居住证""人才引进""创新创业"等政策制度吸引移民精英，并通过各种向移民精英倾斜的政策杠杆开启了人才引进的竞赛。前面一节描述了移民精英面对不同区域"成员资格"的自由裁量权，那么这一节将聚焦其他组织，比如政府、企业联合社会组织，为了让移民精英在当地定居所采取的各种实践。新城案例里，政府的支持远不止政策激励，财政、公共服务设施配置，以及社会组织等资源都伴随着政策涌入这个区域中。小黄是新城区域内某基层政府分管流动人口的工作人员，他向笔者介绍了新城的人口特征以及其所在辖区内工作内容的变化。

新城，就是一片属于年轻移民的区域。这片（区域）户籍人口10万人，常住人口超过40万，老年人仅不到1万人，还有大量属于流动人口的年轻人。这里企业多，工作机会多嘛！我们之前的工作主要是负责居民信息登记以

> 及拆迁，所以维护辖区社会稳定是我们工作的首要任务。
> 现在哩……变了！我们的工作大多时候集中在商品房小
> 区。这里外来移民多，且受教育程度都比较高，不仅充分
> 了解而且也懂得如何维护自己的权益，所以我们的工作重
> 心发生了转移，且充满挑战！（小黄，受访者SHG25）

前面笔者在讨论新城移民身份认同时，提及大城市中城乡
移民青年的工作文化使得个体"原子化"。新城案例让笔者观
察到政府对移民精英城市实际权益甚至是福祉层面给予积极支
持的姿态。为了吸引移民精英定居且避免人才流失，新城辖区
内的基层政府组织近年持续采取各种措施来促进移民在地融
入，尽管一些措施并不成熟。受访者提及一个非常极端的事
件。新城辖区内有政府支持的人才公寓社区，配备有繁华的商
业综合体以及崭新的现代市政设施。该区域相隔一条街以外则
是"村转居"的安置房社区。相比之下，安置房社区依然保
留之前的农贸市场以及夜市，烟火气息甚浓，与现代气息十足
的人才公寓社区形成鲜明对比。当地政府认为安置房社区呈现
的氛围与移民精英居民为主的社区大相径庭，会使人才公寓的
社区定位大打折扣，从而影响移民精英的居住体验，于是在两
个社区交界街道修建了一道铁网围栏。这道墙似乎是一种象
征，体现了移民精英在锦城相较于当地"村转居"居民的特
殊待遇。

除此之外，新城政府也主动寻求移民精英们在该区域生活
的真实的日常新需求，并整合各种资源提供支持。比如，移民
精英们多为上班族，如前所述，尽管他们有能力主动争取和维
护自己的权益，但当下的工作文化使这一群体依然在都市空间

里趋向"原子化"，年轻人社交圈普遍较窄。于是，政府为了让人才精英们真正能够定居在锦城，他们联合以青年赋能为工作重点的社会组织，开展一系列移民青年活动，如交友联谊或相亲活动，使他们"真正能够建立家庭，在新城扎根"，个人发展与区域发展同步（小贝，受访者SHN31）。此外，据政府工作人员小黄介绍，新城商住楼小区的年轻移民青年家庭多为双职工，针对学龄前幼儿的育儿服务也是这些移民青年家庭在城市公共服务方面的主要诉求。于是新城案例中有两个社区作为模范试点，在政府的支持下，社区内能人妈妈成立了托幼育儿的自组织，解决了小区内移民青年对育儿服务的强烈需求。不仅如此，小黄说他们还将给予这些小区内自组织发展的政策支持，辅助他们在民政部门备案，孵化其向正式社会组织的方向发展（小黄，受访者SHG25）。

除了对移民精英的生活场景的介入，政府也在移民精英的工作场景中提供周到的服务。在本研究的田野调查期间，新城辖区内的各个基层政府都在力推建设"楼宇社区""楼宇党建"的项目。新城区域内有很多创新型科技行业企业驻扎，写字楼林立，为了更方便移民精英们在锦城的生活与创业，政府主动将公共服务相关部门整合设置在写字楼栋内部，提供类似民政、社保、人才项目行政事务、创业赋能等"一站式"服务，竭尽全力来满足移民精英们的需求。同时，多元主体协同治理是在当地政府主导的"楼宇社区"营造过程中的另一特征。多名基层政府工作人员介绍到，他们联合其他企业、社会组织的资源和力量共同为移民精英提供"最佳服务"。比如，基层政府会与写字楼房地产开发商议价，协调提供免费的办公场地，同时将服务再次通过"项目制"的方式引入资质合格的专业企业或社会组织，这样使得政府服务深入写字楼里，同时也盘活各处资源，为移民精英创业就业环境提供更多更优的支持资源。"我们（基层政府）当下的工作重点就是搭建平台，"一名分管人才项目的政府官员如是说到（吴主任，受访者SHG29）。

很显然，相比城中村移民社区而言，政府在产业工业园区与移民精英社区赋能项目上投入支持的力度与广度都大很多。基层政府工作人员小黄将他们这种服务戏称为"保姆式服务"（小黄，受访者SHG25），从这一名称亦可看出地方政府与这些移民精英们之间的关系。当前，中国各超大城市的高质量发展依赖移民人才，因此，区域间的人才引进与后续有关的各种政策举措方面的实践也都进行得如火如荼。根据新城案例，我们可以看到当地政府在"人才竞争"领域上所展现的或创新或待完善的举措，但非常肯定的是，政府面对此类移民群体的姿态是积极和主动的，尤其对比前两个案例公共服务供给和移民城市权益实践，这一论点更加有力，这也成为下一章论述的起点。

小　结

沿袭同样的方法路径，本章聚焦本研究第三个以"移民人才"为主的新城案例，分析了城乡移民精英如何在日常生活中实践自己的城市权益。首先，笔者讨论了新城案例中的移民的"身份"认知。新城移民青年显现出非常笃定的城市定居意愿。本研究认为这份笃定除了此案例中的移民精英禀赋相对优越，还建立在跨越移民农村老家与城市新家的家庭责任分工协作的内部契约上。同时移民受访者们还谈及城市空间里的工作文化对他们城市社交网络的影响，于是，新城移民在城市空间呈现归属感和"原子化"并存的生活状态，并在网络空间成为"白领"社会文化的引领者。

此外，本章继续介绍了新城移民精英在城市权益的积极主张与实践的相关案例。比如，笔者关注到移民精英通过"自我范畴化"脱嵌从而积极主动地尽力满足个人社会权益期待。再如，新城案例中的女性移民也体现出其他两个案例中女性未曾展现过的在权益实现上的积极主张，这个立场适用于工作态度、择偶观念以及城市定居决策。笔者认为这个层面的讨论有利于从认识论上丰富对"制度身份"和"城市权益"的理解——这组概念不再是局限在移民政策文本上对成员资格的界定，而是移民在日常生活中的实践。随后的例证进一步证实了这一点，根据现行的移民政策，有新城移民甚至不愿主动将户籍迁入锦城，因为他们买房、定居等这些在城市空间中最重要的社会权益通过稳定的聘用关系、社保缴纳即可满足。与此同时，他们若保留农村户籍不仅城市权益不受影响，还能保障在农村老家的权益，从而实现利益最大化。过去几十年的户籍改革，最大的进步在于将一部分城市权益与户籍这个定义"成员资格"的条件解绑，过去城乡身份差异的核心绝不是户籍这个文本上的"标签"，而是与之相匹配的社会福利的差异。然而，或许只有新城案例的移民精英有这样的优势。各个城市现行的"居住证""积分制"等实质还是有筛选移民的功能，因此，或许只有新城案例中这些受教育程度、收入水平、专业技能、年龄都占优势的城乡移民才更容易通过"非户口迁移"渠道获取更广泛的权益。

本章最后一节则着重分析了其他组织与新城移民精英的互动。为了使人才能够留下来，当地基层政府提供了除普惠型福利制度以外的移民人才服务。相较于另外两个案例，新城移民精英能够获取来自政府、企业以及社会组织等所提供的更丰富的社会服务与权益。这也印证了在同一城市里的城乡移民实际获取的城市权益上呈现着异质性。这些观察将直接构建本研究的核心论点并形成最终发现。

第六章　从"二元"到"多元"：
城乡移民青年城市权益
实践参与主体的差异性

前面三章主要分别介绍了三个不同移民空间内城乡移民在日常生活中与其他主体之间的互动，与制度赋予的制度不同，这些实践主要展现了他们在这座城市实际可及的权益。在田野场花镇中，城乡移民在城市内依然生活在乡村类型的居住空间中，且其他行动主体仅给这个目标群体提供了国家政策规定的普遍性权益，比如像随迁子女就地入学、劳动仲裁等相关服务。但花镇移民在城市空间内依然处于相对劣势地位，比如就业市场竞争力与劳动权益保障的不足、对个人发展与城市定居意愿的不确定等。而在西部工业园案例中，我们看到城乡移民能够签订正式劳动合同且依法缴纳了社会保险，并且政府、企业、社会组织等也投入了更多针对性服务项目，但由于工人宿舍这一特殊的居住类型，我们很难看到提供子女就地就学相关的公共产品与社会服务，这使得绝大多数工人的子女或可享受的社会服务都是在老家。相比之下，新城案例中的城乡移民作为"精英"，不仅能够得到来自地方政府、企业以及社会组织积极的精准化服务，同时对自己的权益诉求有清晰的认知以及实现的能力。更甚者，新城移民拥有比其他两个案例中的城乡流动人口更多的选择。笔者认为这意味着这些移民精英在城市权益实践方面占有更多优势，比如他们可以在不迁户籍的前提下获得农村与城市两个空间的权益，实现社会权益的最优。于是，对于这个群体来说，城市权益的获取不再受制度身份的限制。基于前三章关于三个田野场的实证观察，我们可以看到尽管从制度身份上来讲，这三个的目标群体都是属于城乡流动人口，但是他们的内生异质性已经非常显著，同时在这座城市空间内所获取的实际权益、与其他组织的互动关系呈现非常明显的差异性。这些实证观察进一步建构成本研究的理论，从这一章起，笔者将逐一介绍与阐释各个核心论点。

城乡移民权益实践参与主体的多元化

过去"城乡二元"的制度身份与权益实践结构是国家自上而下的、一贯制的、无差别的制度，确立的是城乡流动人口的权益提供者与使用者的关系。而如今，随着户籍制度的深化改革与地方政府自由裁量权的增加，城乡移民的社会权益实践逐渐与"制度身份"剥离，成为一个由移民本身、各级政府、社会组织，甚至企业等多元主体参与的动态过程。本研究三个田野场的实证章节不断为这一论点提供实证证据，提醒我们中国超大城市中城乡移民的城市权益已然脱离过去"城乡二元"身份制度和权益的范式框架，且在地方有了更多融合多方力量的创新实践。比如，在西部工业园与新城案例中，党建项目、群团力量正在以更灵活、创新的方式融入社区建设与社区营造中；政府通过"项目制"整合社会资源，让社会力量参与到移民社区的公共服务中，同时扶持一些移民的自组织逐步制度化等。以上这些实践都重塑了理解当下城乡移民制度身份与相应城市权益的视角，即制度身份已经不是界定城乡移民城市权益的唯一依据。根据三个田野场的数据，我们不仅看到一些移民获取城市权益的路径与自身主体性以及理性选择紧密相关，而且也看到参与到移民空间流动人口城市权益实践的主体呈现多元化趋势，尽管像花镇这样的移民聚居社区相对来说参与主体较为单一。

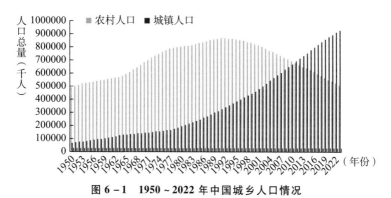

图 6 - 1　1950～2022 年中国城乡人口情况

数据来源：United Nations（UN）Population Division's World Urbanisation Prospects. Region：China，Time Span：1950 - 2022，https：//population. un. org/wup/Countrye-Profiles/。

有关多元主体参与城市权益实践可以从中国社会的飞速城镇化中得以解释。根据前面有关户籍制度发展变迁历程的阐述，农村户籍人口在改革开放以前大多被限制在农村，城乡流动被严格管控；改革开放以后，城乡流动人口稳步增加，使中国社会迎来了中国快速城镇化时期。图 6 - 1 是通过整理联合国发布的《世界城市化展望》的开源数据而得出，主要展示了1950～2022 年中国城乡人口变化。从此图可以看出，中国城镇人口从 1978 年起，城镇人口就稳步快速增长，而农村人口在

1990 年开始逐渐呈下降趋势，直至 2011 年，中国的城镇人口历史性地首次超过了农村人口。值得注意的是，数据提供方特别强调此处人口（城镇/农村）是"中国国家统计局定义的城镇/农村的常住人口"，也就是说还有大量的城乡流动人口并未在此图中体现出来。根据国家统计局发布的《2022 年农民工监测调查报告》，2022 年全国农民工总量为 29562 万人，比上年增加了 311 万人，增长 1.1 个百分点。这些有关城乡流动人口的开源统计数据见证了中国城镇化已达到前所未有的规模，也提醒着要保障城市空间内居民公共产品分配与民众各种社会权益的实现均面临巨大挑战。由此，城市空间亟待更丰富的资源参与到公共产品分配与社会福祉实现的工作中，这也成为当下多元主体参与移民城市权益实践的逻辑基础。

"条块关系"组织视角下城乡移民青年城市权益的差异性

尽管三种类型移民空间不管是移民禀赋、社区环境，还是权益实践均呈现显著差异，但我们都看到政府在城乡移民权益实践中的主导地位。通过对三个案例田野调查资料的比较，本研究发现政府通过"条块关系"提供城乡移民各类公共产品与社会服务的机制与移民在权益实践自主性上存在相关性。

"条块关系"是了解中国政府行政结构与社会治理的重要理论范式（Mertha，2005；Kostka and Hobbs，2012；黄晓春、嵇欣，2014；陶振，2015；周振超，2019）。一方面，"条"主要是指纵向的行政机构，即中央及地方那些职能相同的行政机构。比如，尽管存在移民空间类型与城乡移民城市权益的差异性，本研究三个案例所涉及的市一级政府、区一级政府、街道办事处以及社区居委会都设置了与流动人口城市权益紧密相关的计生办、就业与社保办公室、社会事务办公室等，这些都属于与城乡流动人口权益实践相关的"条"系职能部门。另一方面，"块"主要是指横向的行政机构，即涵盖了同一级政府内所有的职能部门。"条块关系"的理论范式为理解中国社会治理提供了重要视角。在政府主导城乡移民社会权益赋能实践的情境下，本研究发现"条"系职能部门与"块"系职能部门在三个类型的移民案例空间中赋能城乡移民的能力非常不平衡，从而导致三个田野场的城乡移民能够获取的公共产品与社会服务存在显著差异。同时，城市空间社会权益不仅是制度或政府单向界定和赋予的，也可以是城乡移民积极主动获取的，但从三个案例的实证数据来看，移民对自己城市权益的认知及其积极主动实践的能力也存在差异，这些实证发现直接指向城市空间内城乡移民与其他多元主体的权力互动机制。

首先，田野场花镇移民权益提供者主要是"条"系政府职能部门。花镇位于城郊，属于涉农的"城中村"类型移民社区，这里的基层政府（街道办事处）与社区居委会从事的与城乡移民相关的工作主要集中在劳动仲裁、移民再就业服务、随迁子女就地入学，以及计划生育与社会保险服务。这些服务内容属于国家自上而下的普遍性社会权益，也就是说在花镇任何上一级行政单位也有相同的职能部门设置。由此可以看出，花镇城乡移民在城市空间可及的社会权益其实是普遍性的社会权益，而相关工作的绩效受上级"条"系职能部门监督和评估。比如，花镇的杨姐为了让儿子入读当地公立小学，他们需要提交租房合同、社保缴纳证明、劳动聘用合同等资料到社区居民委员会（社区公共服务中心等登记点），经由社区审核以后再提交至街道办事处分管随迁子女教育事务的部门。随后经过对申请人志愿与学校配额等多个因素的综合考量之后，街道办事处最终派发随迁子女接受义务教育的通知书。同时，每一年随迁子女的入读情况以及学习表现也会受到区、市级政府分管流动人口随迁子女入学部门的监督与评估。就此，我们可以看到花镇的城乡移民城市权益基本限制在"条"系相关职能部门内。

然而在西部工业园与新城两个案例中，除了"条"系职能部门提供的普遍性移民社会权益以外，"块"系职能部门在城乡移民工作中展现出更多的自由裁量权，开展了诸多城乡流动人口增权赋能的实践活动，主要可以从"党建"工作和"群团组织"活动两个方面来分别阐述。

"党建"创新实践

本研究的西部工业园案例，是典型的聚集诸多电子厂和吸纳大量农村转移劳动人口的工业园区；另一个案例新城，是聚集许多世界 500 强企业以及新兴领域的创新创业型企业的区域，吸引着大量移民精英。这两个案例由于有大量新的经济组织与社会组织作为基础，成为"两新组织"党建工作的试验田。这是与花镇截然不同的一种情境，且党建活动在这两个案例中常与城乡移民的权益实践紧密结合，拓宽了本研究探索城乡移民在城市空间权益实践的视角。

在这两个案例中，"党建"项目以各种创新概念的方式渗入各个机构与组织中，包括工作场域（工厂、办公楼宇）和生活区域（工人宿舍、商品小区）。例如，在西部工业园田野场，辖区街道办事处开展了"16 小时党委"的项目。根据街道办事处的工作人员解释，"'16 小时党委'旨在将党建工作覆盖到产业工人在车间工作的 8 小时以及在宿舍生活的 8 小时，体现着地方政府对党建工作落实到微处的决心"（街道办事处工作人员，受访者 WHG10）。通过这样的概念创新，我们可以看到地方政府通过发展党员、提供党的理论学习，建立了一个可以连接目标群体（产业工人）在该移民社区工作与生活场域的平台。于是，笔者在这个案例中看到政府与城乡移民建立起除了普遍性权益实践以外的联系网络，且通过这个网络，无论是政府对移民提供权益服务还是移民向政府的主动表达权益诉求都有了更多可能性。

同样是在西部工业园，受互联网技术"云"的启发，辖区内的街道办事处还开创并实践着"云党委"的概念。相关受访者解释到，通过"云党委"的渠道，工业园区内的所有"党建"相关的团队可以共享资源，并向园区内任何一家企业与工人宿舍楼栋推广他们的"党建服务"。相比花镇城乡移民与当地政府之间程式化的联系，西部工业园基层政府会寻求更积极主动的立场以及更多创新实践。同样是拥有大量农村转移劳动人口社区，但是基层政府的行动差异不断形塑着城市空间权益差异性，我们越发看到城乡移民在城市空间的身份认同、权益实践不再由自上而下的普遍性制度来界定，而是由地方城市、不同行政区域，甚至不同街道或社区的实践来构建的充满差异性的体系。

从"条"系行政部门来看，党建工作从顶层设计到落地至微型社区的路径体现了党政结构性巩固，但从"块"系行政部门来看，不同城市之间、城市空间里的不同城乡移民社区则有明显的各类资源和治理实践的差异，这种差异的存在也时常造成结构内部的紧张，比如不同城市（区、社区）之间的治理表现的竞争。在新城案例中，一名基层政府（街道办事处）工作人员就表示，如今"党建"工作在基层一线已然成为一项系统且成熟的行动，"一线工作人员从事党建的工作内容早已超越了传统的思想理论教育范畴，而更倾向于搭建一个平台使得管辖区域内的多种资源整合起来——既推进传统的党建工作，又通过创新实践在同行的激烈竞争中脱颖而出，吸引更多资源实现区域内硬件软件配置升级"（小黄，受访者 SHG25）。这一点在前面一章有关新城案例的楼宇社区建设中也有所体现，"楼宇党建"也是楼宇社区建设和社区营造实践中的重要一环，这也有力证明党建工作在社区权益实践中的强大的适应性。这些经验性观察，尤其是三个不同类型的城乡移民社区的横向比较，为笔者重新审视当前中国社会城乡流动人口在超大城市实际权益获得与相关实践的图景提供了新的角度。

群团组织在城乡移民青年工作中的积极实践

群团组织指的是中华总工会、全国妇女联合会以及中国共产主义青年团在内的组织，在提供相关群体社会权益福祉工作方面有悠久历史（Howell，1994；Audin and Doyon，2019）。群团组织不属于传统的"条块关系"行政结构，但与我国执政党有着密切联系，且在国家与群众之间关系有重要的衔接作用，因此展现出与"条块"系统的各个职能部门在日常工作中深度合作，并垂直整合到"条块"结构之中。一直以来，"群众路线"是中国共产党处理与人民群众关系问题的根本态度、工作方针和思想认识路线，于是就界定了群团组织在社会治理中的基本功能。改革开放以来，由于社会经济的迅速变化以及各社会阶层的遽变，群团组织的发展一度也面临困难，尤其是社会变迁背景下的群团组织的代表性问题（Chen，2003）。作为回应，群团组织也进行了改革，在实践中调整了其工作模式——不仅在各组织辐射范围内设立了深入基层的驻点，同时也模糊了各个机构之间的界限，以多元主体合作联动的方式促进了"块系"关系的构建并提高了工作实效。

在西部工业园与新城案例中均可提供以上论点的相关经验佐证，在这两个案例中，群团组织在管辖范围内的城乡移民工人与精英的城市权益实现的过程中是非常积极主动的行动者。比如在西部工业园，工会、妇联以及共青团等是最繁忙的部门之一，工作人员解释道，"我们是工业园区，这里全是年轻的产业工人，所以这里服务群体的特性让我们群团工作开展占据了天然优势，有扎实的群众基础"（街道办事处工作人员，受访者WHG11）。此外，群团组织也深入城乡移民青年工作、生活区域并设置了驻点，比如西部工业园的每个工人宿舍小区以及新城创新创业孵化园区的办公楼里均设置了服务站，工作人员定期轮流驻点增进对城乡移民青年的接触与了解。在提供服务期间，群团组织与基层政府其他部门的界限也变得模糊，很多时候都被认同为一套班子，以"项目制"为依托，让团队共享共建（街道办事处工作人员，受访者WHG10）。于是，传统"条"系关系的局限性得到了缓解，"块"系的整合协作则被强化。在笔者在西部工业园担任社会组织志愿者期间，最受广大工人青年欢迎的休闲场所便是群团组织负责的活动中心，这也是通过"项目制"招标得以进驻园区的社会组织的办公地点，因此，活动中心的日常运营是由竞标成功的社会组织和群团组织共同承担。除了在服务群体生活工作区域设置驻点，西部工业园与新城案例里的各个企业也设置了党委与群团组织，且与基层政府的党委与群团组织工作人员也建立了密切联系，于是跨越组织类型的"块"系权力得以建构，合力为了解服务群体（城乡移民）在城市空间发展的权益诉求，以及整合多方资源回应诉求提供了平台保障。

其他社会主体对城乡移民权益实践的
差异化行动

社会组织在三个案例中的差异化行动

除了以上政府牵头开展的党建与群团活动的差异化行动以外，社会组织和企业支持也在三个田野场显示出不同的生态。花镇是涉农区域，本身就是本地农村户籍人口经历了"农转居"后形成的特殊空间，所以它无法从锦城政府获得公共服务和社会管理专项资金。没有这些资金，当地政府就无法像其他两个案例一般将社会组织等资源引入辖区。同时，花镇移民所受雇的企业在规模上与其他两个案例中的企业相比要小很多，大多数是小型私人制鞋厂或车间。近期如火如荼的环保整治行动使得花镇较大规模的制鞋企业纷纷外迁，剩下的仅是零星私人作坊，也就是说花镇的企业规模在普遍偏小的前提下又在日趋缩小且更加非正式化。在这种情形下，花镇企业在提供城乡移民相关服务的能力方面较弱。由此，花镇的实证资料不太适合参与本节的讨论，关于企业参与城乡移民社会权益实践的内容更适合西部工业园与新城两个案例。但尽管如此，花镇的企业生态也是一种典型范本，成为构建三个案例城乡移民在城市空间差异化对待的有力佐证。接下来将主要探讨另外两个案例中企业作为行动者在城乡流动人口社会权益中的具体实践。

在前面关于西部工业园中不同参与者之间的权力关系的讨论中，笔者提到当地政府通过"项目制"引入专业社会组织提供一些与移民有关的社会服务，这成为连接政府和专业技术人员的重要手段，并通过引入专业支持以及资金将社会治理发展成为技术治理（郭琳琳、段钢，2014；周雪光，2015：97）。然而，在西部工业园的实践中，笔者看到了"项目制"的局限。由于"项目制"监管程序的烦琐，这使得"科学客观"的管理过程产生"异化"，出现了新的权威，也使得最初有关"技术治理"的期待并没有真正实现。西部工业园案例中的社会组织开展的移民服务项目主要集中在青年工人赋能与休闲娱乐方面。青年工人赋能项目的活动主要是由社会组织牵头组织的短期免费培训（社工小朱，受访者 WHG09）。笔者在该田野场担任社会组织志愿者期间，就目睹了女性工人化妆美容培训、线上技能培训课程以及法制教育培训的赋能项目的开展情况。很显然，与花镇的城乡移民同辈相比，这里的城乡移民工人可以从社会组织以及专业的社工那里获取更多支持。在前面有关西部工业园田野场的单独论述章节中，笔者提及流水线生产车间的工作环境与文化，以及工人单调乏味的宿舍生活也造成了产业工人情绪上的紧张，因此这些赋能项目与休闲娱乐项目的设置与开展也具有缓解工业园区劳资紧张关系的潜在功能。政府作为该社区治理最重要的主体，引进多方资源，提供其他城乡移民社区难以获取的服务。比如，小春（受访者 WHM19）就经常在群团活动中心使用图书馆与健身房等设施，并参加社会组织提供的免费化妆和造型培训课程。同样，工友于先生也参加了社会组织开设的免费吉他学习课程。此外，西部工业园还有很多能人借助街道办事处提供的经费组建与运营一些自组织，比如小杰（受访者 WHM22）主理的瑜伽俱乐部、小林（受访者 WHM24）负责的乒乓球俱乐部，以及由阿涛（受访者 WHM23）建立的音乐俱乐部。

与前两个案例的情境相比，新城案例中社会组织的支持有所不同。在前面有关新城田野场有针对性的章节中，我们可以了解到新城移民青年有着比另外两个案例中青年更优越的社会经济地位以及获取更优质公共产品的机会，同时政府也给予了积极主动的支持，包括在办公楼中"楼宇社区""楼宇党建"的推进，以及在商住楼区域支持移民青年的自组织。在这样的背景下，与西部工业园案例中社会组织缓解辖区内劳资紧张关系的目的不同，进驻新城的社会组织则更多的是真正地回应移民精英的真实权益诉求。比如，因为新城移民的工作文化与社交网络的特点，政府会为其举办"联谊""相亲"活动以及支持学龄前儿童保育服务的自组织——无论是动机立场，还是服务内容，新城社会组织的实践明显与其他两个案例的情况有所不同。

企业在三个案例中的差异化行动

除了政府和社会组织的差异化实践，本研究关注到企业在三个不同类型的移民空间也存在差异化的行动。在文献综述的章节中，笔者提及企业规模与劳工权益保障的联系，这一论点同样适用在三个案例的移民实际权益福祉比较分析中。根据本研究的实证数据，企业规模亦是城乡移民青年差异性城市权益的重要因素。如前所述，花镇的企业类型大多是私人制鞋作坊或小工厂，且在锦城政府针对污染工业产业进行整改以后，花镇的制鞋业规模进一步缩水。由此，当地从事制鞋或者相关的服务性行业（比如物流）的城乡移民劳动权益没有得到有效保障，同时监管也存在现实困难。比如，该案例的大多数受访者都没有签订正式劳动合同，企业与个人也较少依法缴纳社会保险，同时加班、少（未）付工资或工资拖欠的情况也时有发生。从这些现象来看，企业很难保障移民劳动者基本的劳动权益，更不用说像其他两个案例所呈现的特殊的、精准的权益服务。

相较于花镇，西部工业园案例的企业均是国内外知名制造企业（国企或外企），这些企业均具备保障工人基本劳动权益甚至提供额外相关服务的实力。前面章节笔者提及西部工业园移民青年工人在城市与农村两个空间"悬浮"的状态，之所以这些移民工人能够处于"悬浮"的状态，也是因为这些"电子厂"能够基本保证工资按时发放以及五险一金的缴纳。尽管因"工人宿舍"居住类型使得这些工人有家人但不能随行在同一个城市共同生活以及"去技能化""超负荷"的工作内容，这些电子厂一线车间产业工人们依然在追逐城市梦想的路途中理性选择了这样"悬浮"的工作类型。这里的企业也高度模拟政府机构将工人权益相关部门进行了组织化。譬如，在走访时一些外企大厂也建立自己的党委和工会，且与西部工业园街道办事处的相关部门联系非常紧密，也逐渐参与到"块系"职能部门的日常工作中。正如街道办事处的工作人员指出，"企业和地方政府总能找到共同目标，合力助益城乡移民产业工人增权赋能的特别优势"（街道办事处工作人员，受访者WHG11）。从正如上一节讨论政府与社会组织通过"项目制"建构关系并开展实践来看，政企系统合作的共同目标主要表现在地方政府可以缓解紧张的劳资关系，维护治理的合法性（Pringle，2011；Chan and Selden，2017），同时企业也通过保障工人的收入与非工资福利来吸引劳动力，以建立一个有效的系统来保证劳动生产与再生产过程的持续进行（Rickne，2013）。这一论点在西部工业园都得以印证。比如，笔者调研期间，证实了多家企业提供给工人学习和休闲娱乐的优质设施，包括图书馆、计算机室，以及各种工人俱乐部的硬件设施。这些设施会因为企业规模而呈现差异性，并且那些知名企业能够提供的设施与服务远比政府能提供的更为优质。此外，外企F厂管理人员（受访者WHE16）向笔者展示了工作园区的孕产妇休息室以及女性工人活动空间，而工人受访者小春（受访者WHM19）也承认她在怀孕期间使用了企业给她提供的这些设施，以及获得了带薪产假等劳动权益。

需要特别指出的一点是，企业提供服务的差异性并不完全等同于西部工业园的产业工人所获取的社会权益就比花镇青年可及的要更好。事实上，产业工人在城市空间的福祉获得方面路长道远，比如他们在城市空间的居住权益以及家庭的发展权益甚至是不如花镇青年的，而这些通常被认为是移民在城市空间阶层跃迁的重要因素。这也不免推测产业工人的非工资福利以及各种优质的社区硬件设施是缓解移民工人紧张劳资关系和维护社区稳定的一种策略。从这一点，我们也可以看到在城市空间里面对居住环境的选择权其实是移民非常重要的权益，不同禀赋的城乡移民面对的选项不同,而不同规模的企业能够给予的支持亦不同。

就新城案例来看,其辖区内的企业类型与规模比前两个案例更多元,包括全球知名的互联网公司、新媒体公司以及新兴创业公司等。然而尽管规模不同,新城的城乡移民仍然获得了来自企业更高的薪资以及非工资福利,尤其在迁移城市空间的过渡阶段,新城企业所提供的支持更实用优渥。笔者在新城田野场调研期间多次进入受访者们的工作场所,几乎都位于新城CBD(Central Business District)——锦城最现代最有活力的新地标。为了让年轻移民更顺利地融入这座城市,新城的企业大多会给刚入职的员工提供各种形式的租房补贴。譬如受访者阿辉受雇于一家知名银行,由于企业规模大,公司除了多层级的业务部门管理体系,还设置了党工团建设体系,包括党委与群团组织。根据阿辉的叙述,这家银行会给每位入职的新员工两年的租房补贴,且这个补贴完全可以覆盖单人公寓的租金市价,这对农村出身的职场新人来说是非常实际的福利(阿辉,受访者SHM34)。相比其他两个案例的同辈移民,新城移民会更顺利稳定地融入城市空间。这也刚好印证了学界关于企业规模与劳工福祉正相关性的论述,即"工会化的、规模较大的、市场份额较大的企业一般会给员工提供更好的福利"(Gao and Rickne,2017)。

除了阿辉供职的大规模企业,新城案例中的较小规模私企也在对移民提供非工资福利方面有突出表现。笔者在田野调查期间,深度调研新城一家IT企业,该公司规模仅40名员工,且大多都是出生于20世纪90年代以后的城乡移民青年。由于规模较小,这家公司没有设立党委与工青妇等群团组织,甚至没有专设的人力资源部门及相关员工。然而，尽管体量小且部门设置不完全，这家公司依然以优异的业务实力和营业额在锦城同行企业中赢得广泛的美誉度。这家企业的总经理张先生认为，公司的青年员工大多是家庭里的第一代移民，因此面临着巨大的生活压力，尤其是购买房产。为了缓解这些移民青年的生活困境，即便企业部门设置并不完善，但依然将员工权益福祉作为工作重心，比如给刚入职的青年员工提供免费宿舍或依照个人意愿折算成等价租房补贴。这位企业管理人的观点令笔者印象深刻。

> 我们这家公司是一家小规模的新兴创业公司，我认为在跟（公司）这帮年轻人谈梦想时一定要先解决他们生活中的实际困难，否则本末倒置。我愿意尽全力去扶持这些移民青年，因为他们的命运与我们这家公司的命运紧密联系。（企业管理人，受访者SHG32）

从三个案例企业的差异化行动出发，这一小节为学界将企业规模与移民工人实际权益关联的讨论（Rickne, 2013; Cheng, Nielsen and Smyth, 2014; Gao and Rickne, 2017）提供了本研究的实证数据。当然，本研究的数据拓展了相关论点，即移民工人的实际权益也不全然与企业规模相关，譬如在新城案例中，即使有些科技创业公司规模较小，部门设置也并不完善，但是仍然全力为城乡移民精英青年们提供了更为实际的支持。本研究认为这还是由于 IT 创业公司与劳动密集型或非技术行业企业的劳资关系与员工禀赋有明显差异，且员工的专业技术是公司存活和发展的核心，企业有足够动机全力保障员工在城市空间的权益福祉。

小 结

基于三个田野场实证数据的横向比较，本章旨在阐释本研究的主要论点之一，即城乡移民权益实践在城市空间里的参与主体日趋多元化。本章第一小节主要结合中国城镇化情境来解释城乡移民权益实践参与主体从"国家－个人"的二元主体向多元主体转变的合理性。由于人口城镇化的飞速发展，城市空间亟待更丰富的资源参与到公共产品分配与社会福祉实现的工作中，这也成为当下多元主体参与到移民城市权益实践的逻辑基础。本章第二小节主要从"条块关系"组织视角去分析了三个案例中城乡移民权益差异化这一事实。笔者首先阐释了"条块关系"范式的内涵，以及结合本研究实证数据，着重针对各案例党委以及群团组织行动展开了讨论。本研究认为，像花镇这样的城中村移民社区，主要以"条"系部门为主体开展移民权益实践，在此情况下，移民的主体性表达空间相对局限。而相反地，西部工业园与新城案例中，在党委领导下，并联合群团组织、社会组织、企业等主体，构建了"块"系部门平台，在移民权益实践工作中有更为积极主动的立场与行动，取得显著实效。同时，这两个案例中的城乡移民青年相对花镇里的同辈而言有更为明显的积极主动性，不仅愿意表达自己的权益诉求，更有平台将他们的意愿付诸实现。

此外，本章还分别介绍了社会组织以及企业等主体在城乡移民权益实践的差异化表现。在社会组织方面，花镇这样的城中村类型移民区域完全没有相关资源，是社会组织资源的

"真空"区域，与另外两个案例形成强烈对比。而在西部工业园的实践中，尽管社会组织通过"项目制"的路径参与到移民权益实践的日常工作中，然而路径的局限导致社会组织的专业技能无法充分施展，同时移民赋能项目大多是为了缓解劳资关系而并非真实回应服务群体的实际需求。然而新城案例则体现了不同的图景，社会组织的服务内容完全是根据移民精英们的真实诉求而精准设计，同时还为移民的主体性提供支持，比如鼓励并支持他们成立的自组织。另外，结合研究数据，笔者还探讨了企业规模与城乡移民权益实践的相关性，通常情况下，企业规模越大、组织设置越完善，工人的权益越能够得到保障。

第七章　从"保障型"到"发展型"：城乡移民青年城市权益服务内容的差异性

前面有三个章节（第三、四、五章）分别介绍了三个田野场的主要情况，所阐释的各部分内容均是从三个田野场第一手质性资料经由"开放编码－类别建构－主题建构"的数据分析迭代过程后设置的，涵盖了城乡移民青年的身份认同以及与社区内其他行动主体之间的联系。在这一章，分析与讨论的出发点主要基于对三个案例的比较，且阐述的内容也是遵循经过迭代质性数据后分析构建的重要主题。根据研究问题，笔者围绕着"城乡移民在日常生活中实际获得的城市权益"来采集数据。根据三个案例移民实际可及（或知悉）的城市权益比较分析的结果可见，城乡移民可及的城市权益或相关诉求呈现显著差异性，当然这个实证观察也与城乡移民的内生异质性紧密相关，包括了他们的禀赋、当下的社会经济地位等。通过三个案例移民受访者的自我阐述的反复编码，本研究发现城乡移民青年的权益诉求呈现结构序列——由最基础的劳动合同与"五险一金"的权益，到涉及自我阶级跃迁的子女教育，再到在城市空间定居的可能性。在本章中，笔者将就这三个维度的权益逐一展开针对性的讨论。

保障型城市权益：劳动合同和"五险一金"

在有关劳工视角的城乡移民研究综述中，笔者提及正式就业是城乡移民获取实际城市权益的基础，而正式就业通常被认为通过签订正式劳动合同与实现参与社保。就锦城户口迁移的现行制度来看，条件入户以及积分入户是主要的两种方式。然而，条件入户（见第二章表 2 - 1）基本是为高资质和高技能移民设定的特殊户口迁移路径，门槛较高，基本不符合大多数移民条件，因此"积分制"入户相对而言是符合更广泛城乡移民群体的入户路径。"积分制"是一种周期较长、有严格评分体系的制度，年龄、学历、技术水平、社会保险缴纳状况等都是这个体系的关键指标[①]（见第二章表 2 - 2），由此可以看出这一制度的设置逻辑基本针对能够为地方经济做出贡献的移民群体。当然，这些户口迁移制度针对的是有入户动机的移民，事实上正如前面有关田野场的实证章节所展示的那样，新城案例中部分移民精英在面对"制度身份"的选择时显然有明显优势以及更多的选择权，比如他们可以通过连续缴纳社保达到两年，以及在优越的物质条件保障下购买房产并让子女接受城市优质的教育资源。同时，居住在花镇里的城乡移民，即便经济条件相对较差，他们在申请子女就读当地公立学校时的前提也是要有签订的正式劳动合同和家庭成员缴纳社保的证

---

① 第二章中表 2 - 2 显示，积分户籍迁入的基础条件是居留证持有人；55 岁以下的男性和 50 岁以下的女性；在锦城区域内连续五年缴纳职工养老保险和城镇职工医疗保险的人员；没有犯罪记录，没有参加国家禁止的任何组织或活动。

明。由此可见，劳动合同以及社保缴纳是城乡移民获取制度身份以及城市公共产品和社会权益的基础条件。

从三个案例的比较视角来看，除了花镇部分移民，大多数城乡移民受访者都签订了劳动合同以及参与了社保。这一实证观察是表明花镇城乡移民生活条件与劳动权益不如另外两个案例移民的有力佐证。在花镇的受访者群体中，丽丽是唯一签署了正式合同并且拥有"五险一金"的受访者，且是唯一在访谈中显现出来对劳动权益有清楚认知以及维护意识的受访者，她表示在签订劳动合同之前会与雇佣方确定好职位的工作时间、工作内容、工资以及其他非工资福利（丽丽，受访者JHM06）。丽丽关于劳动权益的意识与实践是她有别于花镇其他移民劳工权益获取现状的关键，因为如前所述，签订正式劳动合同以及缴纳社保是确定雇佣关系的法律佐证以及获取城市权益的前提条件（Li and Freeman，2015），那些没有劳动合同和参与社保的花镇城乡移民工人不仅长期处于不稳定就业状态，劳动权益实践缺乏法律保障，同时这也会影响他们获取在城市空间稳定生活与进一步发展的其他权益。

在花镇的调研过程中，笔者也就这一现象进行了访谈，发现移民劳工不签订劳动合同以及未参加社保有主观和客观两方面原因。首先，花镇城乡移民普遍缺乏基本的劳动权益意识，也正是这个原因使得雇主乘机规避义务。受访的彝族青年木乃（木乃，受访者JHM07）在锦城工作以来，雇主从未提过签订正式劳动合同或缴纳社保相关事宜，因此他从来都是处于打零工的工作状态。其次，花镇移民没有劳动合同以及缴纳社保也是主动选择的结果。在调研期间，受访者如杨姐（受访者JHM05）和杨姐母亲（受访者JHM08）都认为"社保没有意义"。花镇移民的工资本就相对较低（每月2000多元人民币），所以当他们工资有限时，参与社保的意愿也就较低。此外，花镇移民的定居可能性在三个案例移民群体中是最低的，然而目前个人社保账户无法实现跨省（市）转移（Shi，2012）。在收入有限和制度局限的双重影响下，城中村花镇的城乡移民会产生"社保没有意义"的判断。尽管不参加社保是这类城乡移民的理性选择，但这一决策无疑强化了他们的不稳定生活与工作状况，这也直接体现为在前面关于花镇实证章节里我们看到的移民在工作场域频繁遭遇劳动权益侵犯、职场言语霸凌等现象。

　　与花镇移民不同，西部工业园与新城两个案例中的移民受访者则可归类为"正式劳动者"（formal labour），因为他们都签署了正式的劳动合同且参加了社保。这一因素是识别三个案例中城乡移民在城市空间劳资关系与社会权益差异的关键。西部工业园田野场的移民工人虽然面临严苛的生产线与宿舍管理制度、繁重的工作任务，但基本签订了正式劳动合同（本研究访谈抽样里面没有包含派遣工）且有"五险一金"的非工资福利，这也是即便就业现状不符合期待，移民工人也依旧将"悬浮"在西部工业园当"流水线工人"作为权宜之计的缘由。与此同时，新城移民则将签订劳动合同以及缴纳社保视为是基本的、理所应当的劳动权益，尤其是对那些期待保留农村户籍但又需要在城市空间获取享有公共产品与社会服务权益的移民，这些基本劳动权益则成为重要的"入场券"。三个案例在基础劳动权益上显现的差异性将导致城乡移民在城市空间未来工作、生活以及发展的机会不公平，这也为强化及固化这一群体内生权益差异性埋下了伏笔。

除了以上关于锦城城乡移民青年群体内生因素的论述,城乡移民劳动权益差异性与企业这一外生性因素紧密相关。前一章所阐述的雇佣企业的类型与规模对移民劳动权益实践所显示的举足轻重的影响恰恰证明了这一点。劳动权益的关系限定的是企业和被雇佣者双方关系,因此在所有与劳动者城市权益实践的相关主体中,企业是保障劳动者劳动权益最直接相关的行动者,而政府也从法律制定、过程监管等层面参与到劳动者权益实践中。从本研究的实证资料来看,企业类型与规模直接导致劳资关系与劳动权益的差异,而劳动权益作为移民"保障型"权益则将衍生出影响其在城市空间内获得其他权益的因素。

从中国劳动权益相关的法规历史上看,1994 年颁布的《中华人民共和国劳动法》、2007 年通过的《中华人民共和国劳动合同法》,以及 2010 年颁布的《中华人民共和国社会保险法》所做出的明确规定,保障了劳动者无论户籍属性,与用人单位建立劳动关系就应当订立正式劳动合同,依法享受社会保险待遇的权益(Rickne,2013;Cheng,Nielsen and Smyth,2014:7;Li and Freeman,2015;Huang and Han,2021)。这些制度的建立标志着"劳动权益在中国的法律体系中已经正式确立"(Cheng,Nielsen and Smyth,2014:7;Gallagher,2004),且任何试图规避劳动合同或社会保险的行为都是违法的。尽管如此,雇主总是试图寻求规避其责任的方式来降低成本(Cheng,Nielsen and Smyth,2014:7),从这一动机出发,城市空间的移民的劳资关系总会向"非正式、不安全和管理控制"转变(Cheng,Nielsen and Smyth,2014:7)。前面章节的实证数据也支持这一论点,我们可以看到花镇移民自愿选择不参加社保并不签订正式劳动合同的同时，他们的雇主也涉嫌故意规避保障雇员劳动权益的责任。相比之下，尽管西部工业园案例有严苛的工作内容，但大规模企业愿意且有实力通过提供非工资福利来吸引劳动力，维持生产的稳定运行。这种策略对于大型企业来说总是非常有效的，尤其是面对劳动力供给日益紧张的局面（Rickne，2013）。

代际阶层跃迁的关键：流动儿童的教育和照料权益

根据本研究移民的自我阐述，子女就地入学是他们认为的最重要的城市权益，因为这与孩子个人发展以及家庭发展紧密相关。换言之，如果劳动权益是城乡移民关注的基本权益，那么子女在城市空间的教育以及照料则关注的是与代际流动（尤其是跃迁）相关的发展型权益。学界有丰富的研究通过考察农民工子女在城市中的教育来审视中国社会的"差异化权益"，但分析视角通常是置于城乡二元的视角，比如城乡移民儿童过去缺乏获得公共服务的权利（Solinger，1999）。此外，由于学校是产生和再现社会和制度安排的实践中心（Willis，1981；Bourdieu and Passeron，1990），不充足的教育资源可能会使移民及其子女长期处于弱势地位（Goodburn，2009；Lan，2014；Xiong，2015；Zhang，Li and Xue，2015）。与城乡二元的视角相反，本研究通过三个田野场的实证资料体现的是城乡移民内部在城市空间内子女受教育机会以及资源的差异性，这为我们理解"差异性权益"提供了不同的视角。值得注意的是，由于本小节内容有关移民随迁子女在城市空间的教育权益，数据本应更向那些已结婚且有孩子的移民受访者群体倾斜。然而，本研究的未婚移民也非常关心下一代的教育问题，甚至与他们的定居和购房计划紧密相关，因此，本研究将分析聚焦在随迁子女的教育和照料权益也就有了一定的普遍意义。

城乡移民随迁子女就地入学的"门票"

本研究的数据采集紧紧围绕着研究问题，即城乡移民在城市空间的社会权益是如何实践的？基于这一研究问题，本研究在数据采集和分析阶段着眼城乡移民在锦城制度身份、日常生活中实际获取的社会权益，以及权益诉求等重要内容。其中，社会权益诉求（期待）针对的是移民群体迫切需要但当下可能还未实现的内容，这样的设计赋予了研究内容时间线的延展性。基于此背景，笔者时刻追踪一个问题："这个城市的城乡移民最关心的权益是什么？"对此，三个案例移民受访者将子女教育作为重要的内容进行了阐述，且其中的差异性也构建了本研究的重要论点。

对于花镇的城乡移民而言，家庭亲子关系以及对子女教育的焦虑成为城乡移民在城市空间生活的最大困境，同时也是最热切的权益诉求。如前所述，在花镇案例跟踪访谈的受访者杨姐在李家院子住了5年，除了城中村社区的房租便宜（500元/月）以外，最重要的原因是社区内有一所公立小学，且杨姐的小儿子希希就在那里上二年级。杨姐与已成年的大儿子关系不太好，而她认为这紧张的亲子关系与自己和丈夫在孩子年幼时外出打工，缺少陪伴有紧密的关系。杨姐说早年间她们夫妻俩一心想挣钱改善家里的经济状况，所以一直在上海打工，大儿子则跟公婆一起生活在农村老家。直到她再次怀孕，杨姐才返回家乡，开始待产并陪伴大儿子。杨姐夫妇对没有参与大儿子的童年成长深感遗憾，所以即使现在条件再艰苦，他们夫妇一直坚持要把小儿子希希带到打工的城市，共同生活。

即使夫妻俩如愿将小儿子带到锦城一起生活，但是孩子的教育总是让杨姐感到力不从心且焦虑。她向笔者分享了申请花镇小学就读资格的过程。除了对当地房屋租赁和缴纳社保的期限有严格规定以外，还需要大量的佐证材料，包括"暂住证"①、"居住证"、父母一方的正式劳动合同、社保缴纳证明、房屋租赁合同等。

> 像我们这样的农民工如果计划把孩子送到当地的公立小学，起码需要在孩子入小学前五年开始准备申请材料。首先，你（申请人）需要至少1年的时间获取"居住证"，在"居住证"制度执行之前，我们还申请了"暂住证"。此后还必须签订至少3年的房屋租赁合同以证明你（申请人）确实在当地长期居住。其他资料——社保缴纳证明材料、劳动合同、雇主营业执照副本和房东房屋租赁备案证明等，反正一大堆，还涉及要跟房东、雇主之间沟通……反正太耗时耗精力了。（杨姐，受访者 JHM05）

由于杨姐没有签署任何正式劳动合同或参加社保，小儿子希希申请就地入学全依靠父亲的正式劳动合同及社保证明材料。尽管申请环节较为烦琐，但最终希希能跟夫妻俩一起在这

---

① 正如笔者之前提到的，"暂住证"制度在锦城于 2016 年 1 月 1 日废止，取而代之的是"居住证"。由于杨姐申请小学的资料准备期刚好经历了这个政策的变更期，他们一家人先后申请了"暂住证"和"居住证"。

个城市居住生活，且入读当地的公立小学，获取到本地的公共产品和社会权益，这让杨姐夫妇俩倍感欣慰，"一切都是值得的，我可不想把他（小儿子）再像以前那样丢在老家"（杨姐，受访者JHM05）。花镇移民子女就地入学的需求很大，但这个社区的教育资源却很有限，每到小学学位申请季气氛就变得尤其紧张。杨姐回忆当年给自己小儿子申请小学学位的情景，夜间5点左右提交申请文书的人就在申请点门口排起长队，他们都是为了给自己孩子获取进入公立学校"门票"的家长们。

随迁子女在迁入城市的教育机会与平等是长期备受关注的议题。在1995年之前，中国并没有建立专门针对随迁子女在城市入学的具体规定。1998年，教育部颁布了第一项专门解决移民儿童就学问题的政策。时至2001年，《国务院关于基础教育改革与发展的决定》（国发〔2001〕21号）明确规定各地政府和迁入城市的公立学校应承担移民儿童上学的大部分责任。从那时起，许多相关的地方性政策开始逐步实施（Xiong，2015：2；Han，2017：97）。尽管如此，城乡移民随迁子女的教育问题并未得到有效解决，有大量的文献记录了随迁子女在城市空间所经历的教育资源问题，其中包括了城乡儿童的区别待遇（Goodburn，2009；Lu and Zhou，2013；Lan，2014）、硬件设施和供应不足（Woronov，2004；Goodburn，2009）、师资薄弱及欠缺（Lai et al.，2014；Xiong，2015）等现象。

2009～2010年，笔者参加了一个由一家基金会的"新公民计划"资助的项目，并走访了锦城及周边地区的多所农民工子弟学校，初步了解了这些学校的基础设施和运营情况。尽管这些学校的教师流动率很高，硬件设施也相对落后，但由于学位供不应求，移民家庭对教育资源的迫切需求尚未得到充分满足。因此，很多城乡移民不得不通过支付"择校费"或"建校费"将自己孩子送到城市里的学校（Goodburn，2009；Liang and Chen，2010；Li and Li，2010；Lan，2014）。尽管锦城后来紧跟许多大城市步伐，逐步关闭了农民工子弟学校并放开了公立学校资源（Xiong，2015），区域间教育资源分配不均衡使得部分区域的公立学校配额竞争十分激烈。在这种情形下，成功地将孩子送到本地的公立学校，对于杨姐家这样的家庭来说的确是一件幸事。因此，尽管申请耗时费力，杨姐夫妇的那份庆幸与宽慰在移民城市权益不均衡的情境中被合理化了。

尽管杨姐夫妇将小儿子成功送进了当地的公立学校，但紧张的亲子关系似乎也并未好转。除了就地入学的问题，杨姐还感叹道，由于她和丈夫工作负担过重，孩子的照料成为他们在城市生活中最大的挑战。由于杨姐和她丈夫每天都要加班，小儿子希希课后没地方去，她不得不把放学后的儿子带到自己上班的地方。这确实也是笔者第一次见到希希的场景——在快递收发站堆成小山似的货物中间，一个瘦弱的小男孩写着作业。此外，杨姐还因为希希不理想的学业表现而焦虑。

> 我们（自己和丈夫）既没有时间又没有文化，所以我们在希希学习上也帮不上忙。外面倒是有很多课外辅导班，但是我们家这种经济状况，咋可能负担得起……所以，希希咋可能有出路？（杨姐，受访者 JHM05）

除了这些因为日常照料和学业支持呈现的焦虑，对于随迁儿童在城市空间教育权益最关键的影响在于权益的时限性。在锦城，对随迁子女提供的公共教育资源仅限于孩子的义务教育阶段。以杨姐家的情况为例，她小儿子希希在城里读完初中以后，就面临着继续留在城市还是回老家读高中的选择。杨姐在闲谈中不止一次表示会把小儿子送回农村老家读高中，主要原因是孩子高中阶段的学费和生活费会激增，对家庭将造成巨大的经济压力。当然，另一方面，即便希希选择在锦城上高中，他也必须回到户籍地去参加高考。仅从这一点，我们也可以看到城乡移民在城市空间的教育权益与其他社会权益不同，依然和移民的制度身份存在显著相关性。这不免影响到我们对移民随迁儿童通过教育渠道实现阶层跃迁路径的判断，正如其他学者提到的，由于城乡教育资源的不平衡分配，农村学生通过高考实现阶层跃迁更具挑战性（Han，2017：96）。

"工人宿舍"制度下不可避免的分离

与城中村花镇的城乡移民相比，西部工业园城乡移民的居住类型是工人宿舍，因此几乎所有已婚已育的家庭必须面临与家人分居的状态。受访者产业工人小春从学生时代实习时就在西部工业园的电子厂工作。在这里，她经历了人生当中许多重要的事件，包括结婚和生子。然而，除了怀孕阶段和产假期，她和丈夫等家人一直分居。

> 我老公现在贵州工地上做电工，这么多年以来我们一直分居，没办法，为了生活呀！我怀孕时，他来陪过我几个月，就那段时间我们没有住在宿舍，而是在外面租了一套公寓。现在想起来，我怀孕的时候是他陪伴我最久的时

候，每天一起买菜做饭，是我结婚以来最快乐的时光。（小春，受访者 WHM19）

在前面文献综述章节里，劳工视角的学者们批判性认为"劳工宿舍制度"是企业广泛使用的以确保劳动力利用最大化以及生产效率最大化的策略（Smith，2003；Smith and Pun，2006；Pun and Smith，2007）。尽管有些企业曾提出为工人提供"夫妻房"的住宿条件，但出于成本和运营压力的考量，关于优化工人城市居住权益的举措在落实中有较大难度，因而会相对滞后。① 在这种情形下，许多已婚已育的工人都不具备和家人在城市共同生活的基础条件，让孩子进城上学就成为更加难实现的诉求。与家人共同在城市生活的权益真空使得西部工业园相对完善的劳动权益保障变得黯然失色。

在西部工业园的许多受访者都经历着与家人分离的不安。流水线生产车间工人李先生（受访者 WHM17）的女儿和妻子住在川西南地区西昌的农村。为了改善家里的经济状况，他已离家七年，一直在西部工业园的电子厂里打工。他承认自己的缺席对女儿的成长不利，但他和家人没有更好的解决办法。小春的孩子年纪尚小，一个两岁，另一个只有四岁。由于小春和丈夫都在外打工，两个男孩由年迈的公婆抚养。小春在访谈中时常表现出对两个儿子早期教育和日常照料的焦虑。

---

① 根据笔者 2011 年在该案例田野调查的经历，基层政府与企业管理者都提到"夫妻房"项目。然而，在本研究的实地调查中，这一计划依旧未付诸实现。

　　我的公婆都是文盲，对育儿一无所知。就在一个月前，他们（小春的公婆）发现我的小儿子有蛔虫，这太可怕了！因为我儿子年纪太小，不能口服驱虫药。这都是他们对日常卫生习惯的忽略才导致娃娃有这些寄生虫。（小春，受访者WHM19）

　　年幼的儿子们缺乏适当的照料成为小春最大的心病，但由于自己打工是家里主要的经济来源之一，如果选择回老家照顾孩子，他们家的收入将大幅下降。即便这样，小春也提及待到孩子上小学时，她一定会辞去城里的工作回到老家陪伴孩子。

　　由于受教育程度被广泛认为是城乡移民阶层跃迁的重要途径，产业工人子女在城市空间内教育权益的缺位将直接影响移民家庭的阶层跃迁的可能性。从这一程度看，虽然西部工业园区的移民工人劳动权益相对有保障，但是工作场所对居住类型的管理控制使得这一类型移民并未真正地融入城市空间中，同时也被区隔在与阶层跃迁有关的"发展型"重要权益之外。

对随迁子女的教育投资

　　与前面两个案例的移民同辈相比，新城案例的城乡移民明显在子女教育资源方面有更多的选择。新城案例的移民受访者中有两名已将户口从农村转移到城市，这两名受访者里的孔先生（受访者SHM36）将自己女儿送到了当地的公立小学，而萍姐（受访者SHM35）在深圳工作时就已将户籍从农村迁入深圳，且并未将户口转移到锦城。由于女儿小学入学时他们刚刚迁移至锦城，丈夫的社保也仅在当地缴纳了6个月，他们只能通过支付择校费为女儿争取到了学位。萍姐在访谈中并未说明择校费的实际数字，但是根据锦城相关媒体报道显示，2017年当地公立小学的择校费可能最低为4万元，最高为15万元。除了高额的择校费，萍姐对女儿的生活环境和课外教育也十分用心。萍姐在锦城购买了拥有优质社区环境和配套设施的一套公寓，她经常会陪伴女儿去附近的健身房或者图书馆。此外，她也非常愿意为女儿的各种课后培训班以及假期旅行买单，觉得这样可以增长孩子的才能和见识，使孩子得以身心健康地实现全面发展。萍姐在孩子教育上的投资实践与花镇、西部工业园案例中的移民同辈形成鲜明对比。

从以上案例可以看出，高昂的择校费或建校费已然成为价格杠杆，新城的移民精英们可以通过支付额外的费用来选择更具有竞争性的教育资源而不仅限于"保障型"的教育资源。另外，正如前面关于新城实证章节所介绍的那样，这里的移民精英会基于户籍地附属的实际权益来选择制度身份。比如萍姐没有把户籍从深圳迁出就是因为深圳户籍可以更自如地出入香港，保留户籍可以让女儿未来教育有更多选择权。这也证明了不同区域间实际权益的差异化，移民精英们会基于理性选择和策略来实现在城市空间的权益最大化。

除了新城已婚移民关于孩子教育投资的实践，新城未婚移民青年也已经将孩子教育投资作为重要内容纳入生活规划之中。受访者娇娇（受访者SHM33）表明教育资源是她考虑在这座城市买房的关键因素。另一位受访者阿辉（受访者SHM34）也特别指出尽管现在还是单身，但在购房时一定会从长计议，尤其会考虑社区的教育资源。

三个案例中的孩子在城市空间教育权益上的实践，又一次证明了城乡移民群体的异质性以及其城市权益的差异化结构。

毫无疑问，本研究的实证资料显示了教育资源在城市空间的准公共产品属性。一方面，为了保障城乡移民随迁子女的基础权益，锦城政府通过改革开放了公立学校资源。然而，这项权益不仅限额而且限定时间期限，因此，我们得以理解花镇移民面对子女教育的庆幸与焦虑相交织的复杂心情。另一方面，本研究也观察到城市空间中教育资源的竞争性与选择性。比如，西部工业园产业工人的孩子是暂时无法进入城市教育权益保障范围的群体；同时，新城的移民精英们可以通过更优越的物质条件为孩子赢得更优越的教育资源。相比那些"保障型"权益，教育资源是城乡移民群体社会阶层跃迁的重要因素，以上实践的差异性更是提供了一个了解中国社会城乡移民群体内生异质性以及权益不平等图景的有效视角。

定居计划和购房

在讨论了城乡移民在城市空间最基础的劳动权益以及与阶层跃迁有关的子女教育与照料权益后，从本研究移民受访者的自我阐述建构起来的另一重要权益内容是"定居"的相关实践。在前面的章节中，笔者回顾了中国社会户籍制度的改革轨迹与城乡移民制度身份本土化趋势。在这样的一个制度变迁背景以及移民社会经济状况构成的结构性情境下，本研究中的城乡移民青年会呈现不同的定居决策与状况。本研究的实证资料显示了移民城市定居计划和购房决策之间的强相关性，这种联系也正好映射出城乡移民这一群体的内生异质性，比如他们不同的经济状况、劳动关系以及社保等社会权益实践情况。在前面针对三个田野场的实证章节中，笔者就提及各个案例中城乡移民青年不同的定居与购房计划。学界认为这种差异性实际上呈现的是这些移民获取"城市权利"（right to the city）的障碍（Lefebvre，1996；Mitchell，2003；Harvey，2008）。

花镇是典型的城中村社区，西部工业园则是有大规模工人宿舍的社区，这两个案例中的青年很多都显示出愿意留在城市却留不下来的状态。在花镇案例中的租户大多经济条件不太理想，城市生活成本高昂，租一套公寓都尚且不现实，在城市购买房产定居就更是遥不可及。低收入水平也成为这群人获取其他优质城市权益的阻碍，比如实证章节中我们探讨过的劳动权益与随迁子女的教育、照料相关资源。这些观察符合其他学者的判断，即移民的收入和户籍状况是其在城市定居的基础（Liu，Wang and Tao，2013）。这些实证资料无不提醒着笔者城市空间对花镇青年是具有排斥性的，且花镇正在推行的环境污染整治政策更是强化了这种排斥性。首先环境污染整治的一道政令产生了涟漪效应，转化成各个基层政府之间的绩效竞争。制鞋工厂被责令停业整改或外迁，同时城中村本地农民非法拓建的出租屋也被要求拆除。原本最能代表城乡劳工文化的住宅区域因为城市更新的相关规划成为历史。其次，城市区域的升级优化实则也将这群低收入的城乡移民更加边缘化。花镇青年会因为找不到如此低租金以及好地段的出租屋而感到焦虑和沮丧。本研究通过对这场城市更新实践的参与式观察记录了花镇青年获取当地公共产品和社会服务的有限路径，以及城市空间对这一群体呈现的排斥性。哈维在关于城市空间与社会权益的论述中就提及在城市重建过程中，穷人、弱势及边缘群体可能最先受到影响（Harvey，2008）。虽然我们可以看到国家普遍性的社会福利正在花镇落地和践行，但在其他案例所体现的"块系"部门协力合作在这里却是缺位，于是本就相对弱势的花镇青年在城市权益实践方面反而相对滞后，尤其是一些"发展型"权益的缺位容易造成长期的机会缺失，最终成为阶层跃迁的阻碍。尽管存在社会权益的滞后，家乡对于花镇青年来说依然成为"回不去的家乡"，年轻移民对在城市工作生活的态度依然坚定。正如木乃面对是否会返回家乡这个问题时喊出来的否定回答——"我们这一代肯定不会回到老家，我不属于那儿"（木乃，受访者 JHM07）。木乃的父亲在开矿山工作多年后，因患上严重的尘肺病而不再工作而是在家中休息，老家山高路远、交通不便、产业单一，这也成为许多彝族青年不愿返回家乡的主要原因。于是，花镇青年的"悬浮"生活仍在继续……

与花镇的城乡移民工人不同，大多数西部工业园的移民已经在城市购买了房产，尽管得益于"工人宿舍制度"，然而，值得注意的是，他们购买的城市房产并不在锦城，而是在他们的农村家乡所在的城市。他们的经济条件可能比花镇的移民要好，但不足以在锦城购买房产。在样本城市里，政府对计划购买房产者的首要要求是在锦城连续两年缴纳社保，而西部工业园中几乎所有移民受访者都符合这一要求；因此，关键门槛仍然是移民城市的高房价。在这种情况下，笔者在西部工业园访谈的大多数移民都选择了一种折中的措施——在他们家乡所在的城镇或城市购买房产。

由于"工人宿舍"这一特殊的居住类型，西部工业园的产业工人不能与家人一起生活在这座城市，同时又显现出对电子厂流水线生产车间这份工作的依赖性，这使得西部工业园的青年工人们被定格在城市与农村之间的一种特殊空间里，造成

"城市生产和农村再生产之间的空间分离"（Pun and Chan，2013：181）。正如前所述，产业工人们是一群向往城市生活，且被消费文化与生活方式塑造的追梦人。然而，城市高昂的定居成本进一步放大了空间间隔的负面效应，且长期流水线生产作业，对青年工人来说可能是"去技术化"（de-skilling）的一个劳动过程，若年轻工人没得到充分的赋能支持或清晰的个人职业发展规划，这将是一个逐年降低劳动力价值的工作类型。正是这样的原因，电子厂的流水线生产车间会有比较高的工人流动率，且很少工人有机会定居下来获取当地制度身份及其匹配的完全社会福利。但产业青年工人们有折中的策略，比如很多受访者都会在农村老家所在的县城购买公寓。

> 我们当然愿意留在这里工作，工资比老家高很多，但是这里的房价是我们无法承受的。我们（自己和丈夫）需要制定一个计划，包括未来儿子们的教育以及老人的赡养，这些对我们来说都是必须解决的压力。（小春，受访者 WHM19）

与前两个案例相比，新城移民精英们则大多具备在锦城定居与购买房产的能力。这个案例中的移民受访者基本上不是已购买房产，就是有清晰可行的购房计划。如前所述，新城移民的禀赋与当前的社会经济状况，比另外两个案例中的同辈移民要好很多，包括良好的教育水平、稳定的劳动关系、更多的工作机会、更优越的工资以及非工资福利。同时无论是本地的身份制度政策还是人才项目、创业就业扶持项目等特定权益也都是提供给这类人群的。因此，各类因素都为他们在这个城市拥有稳定美好的工作与生活奠定了扎实的基础。

在过去几年的户籍改革和锦城的全国统筹城乡综合配套改革试验区的建设中，确保城乡居民自由流动，享受平等的公民身份和公共服务始终是各项支持政策的最重要目标之一。笔者使用这三个案例的经验数据来论证，所有这些实际政策和移民不同的实质性权利在目标城市还是创造了不同的居民身份。

如果说劳动权益是移民青年在城市空间的"保障型权益"，子女教育是关系阶层跃迁的"发展型权益"，那么他们在城市定居的能力则是有关个人发展选择权的差异性，这一面向内容展现的是一个结构性资源不平等以及权益分布不均衡的共同结果。比如我们看到新城移民青年比其他两个案例的移民青年有着对城市和农村两种类型空间附属的权益最大化更多选择，而花镇和西部工业园的移民青年即便有留在城市的意愿却最终不得不回到老家或采取一个更折中的策略。从锦城户籍改革与城乡统筹的各种实践来看，确保城乡居民自由流动，保障平等的制度身份和社会福利是当地各种城乡移民政策最重要的目标之一（见第二章分析），然而三个案例移民青年在城市空间内的社会权益差异化则重新让笔者对普遍性社会权益的语境下的各种不平衡现象保持敏感与谨慎。三个案例中的城乡移民在进入城市空间机会上的差异性实质就是映射着城乡移民群体的城市权益不均衡。尽管国家与地方政府在移民群体的增权赋能治理上开展诸多创新实践，但是这是一个需要政策制定者与学界正视的事实，也是我们进一步促进城市公共产品与社会服务均等化、中国式现代化理论与实践探索的逻辑起点。

小　结

　　基于三个案例城乡移民自我叙述，本研究筛选出对他们城市生活最为重要的权益内容，即劳动权益、子女就地入学以及照料权益、定居机会。本章节就这三个方面内容从比较的视角分别进行了详细探讨。从劳动权益上看，西部工业园里的电子厂青年们以及新城里的移民精英们几乎都签订正式劳动合同以及缴纳了社保，然而大多数花镇受访青年从事着不稳定的工作，且并未签订劳动合同及缴纳社保，工作场域中的霸凌以及劳动侵权事件时有发生。以上这些劳动权益被认为是"保障型"城市权益，原因是城乡移民若想获取城市空间里的其他权益都以签订正式劳动合同或缴纳社保为基础，比如劳动权益申诉、迁移户籍、子女就地入学、购买房产等。

　　其次，本章阐述了三个案例移民青年子女在城市入学及照料的权益获取现状。随着国家在城乡统筹以及公共产品与社会权益均等化工作的推进，即便收入水平低的花镇青年也有机会为子女申请进入当地公立学校学习，但申请准备工作比较耗时且相关权益具备时效性，同时花镇移民受访者对于子女照料存在较大压力，且在主观条件不充分（时间、经济、知识的缺乏）以及客观上各种支持服务匮乏的情况下容易造成紧张的亲子关系。而新城移民经验可以通过优越的物质条件获取优质的教育资源，且子女教育是这一群体在城市购房与定居计划中最为重要的考量因素之一。相比这两个案例，西部工业园的产业工人由于"工人宿舍制度"使得子女几乎没有机会随同父母在城市生活学习，所有已婚已育工人的子女都正在经历留守农村老家的状态。教育是移民阶层跃迁非常重要的文化资本，因此移民子女在城市空间内获取教育资源的差异性也直接影响家庭向上流动的机会，从而会反向强化群体内生异质性。

此外，本章还对三个案例城乡移民的定居选择以及购房计划进行了横向的比较。定居决策映射的是移民能够进入城市空间并完全享有城市权益的机会，且在三个筛选出来的权益类型中难度最大。从实证资料来看，三个案例的移民均有在城市发展的意愿，但能够在城市定居的机会不同，其中值得注意的是，城乡移民普遍将定居与购房行为视作一体两面。花镇青年与西部工业园的电子厂工人们都愿意在城市发展，然而能够在锦城购房且长久定居的可能性相对新城的移民精英要小很多。于是，花镇青年处在"悬浮"在城市的状态，在城市空间停留的时期似乎成为未知。电子厂流水线生产车间的工人们则做出退而求其次的折中策略，选择在农村老家所在的县城里购买商品房，暂时保持着"候鸟"般的工作状态。新城的移民精英们相比之下，有非常明确的定居意愿和充分的经济条件，不仅如此，若条件允许，他们还会选择配备更具竞争力的公共产品和社会服务资源的区域来作为城市定居地。如果将融入或占有城市空间作为一种权益的话，很显然城乡移民群体的权益存在不均衡的分布，这样的现状使政府在城乡统筹的普遍性举措之下，将会面临城乡移民内生异质性、权益本土化与差异化的结构性挑战。

第八章　城乡移民青年差异性城市权益的构建与巩固

作为研究发现的主要论点，第六、七章分别从城乡移民权益实践相关主体的互动关系结构以及移民实际获取权益内容差异性来展现了本课题的研究发现。在这一章，笔者将从阐述城乡移民差异性城市权益与其空间呈现的关系，以及从"时空视角"阐释这种移民城乡权益差异化的空间呈现将如何被强化，且对公共产品与社会服务均等化工作带来的挑战。

城乡移民差异性城市权益及其空间呈现

在有关"空间理论"的文献综述中，笔者提及许多学者认为空间不是一个静态的存在，而是与人类活动、社会关系和社会变迁密切相关的过程（Soja，1989；Harvey，1989a，1990；Massey，1994）。事实上，本研究的实证资料也证明了这一观点。

从比较的分析视角看，本研究发现城乡移民在城市的实际获取权益、与其他行动者的互动，以及阶层跃迁的机会等存在显著差异，尤其结合三个移民社区所呈现的住宅类型与日常生活中的人际关系，我们可以感受到不同移民社区呈现出的是不同的城市权益实践的生态。比如，城中村移民社区花镇、工人宿舍社区西部工业园，以及新兴创新创业企业和商品住宅楼聚集的新城——三个移民社区不仅呈现出各自典型的空间特征，而且空间内的行动者会有不同的行为与互动关系。由此，本研究认为城乡移民的城市权益实践与所在的移民空间是相互关联及相互作用的。

在花镇这个城中村的案例中，我们可以看到城中村住宅类型的特征，包括大量非正式住宅、大量当地农村人口与外来城乡流动人口混居、局限的公共产品与硬件设施（Solinger，1999；Zhang，2001；Xiang，2004）。同时，我们可以看到社区内的城乡移民是有一定共性的。比如，花镇青年的受教育程度算是三个案例中最低的，他们一般从事着低学历或低技能要求的职业，这不仅使他们表现出薪资较低、工作不稳定、跳槽频繁等特征，而且也看到"素质""文化"等相关语境对他们"自我范畴化"的影响，使得他们职业类型相对比较局限。此外，我们可以看到花镇青年在工作场所中经历的劳动侵权以及职场霸凌等现象，主要体现在劳动合同签约率与参加社保率较低。在实证章节中，我们也了解到花镇里的随迁子女获取当地教育资源是有时期限制的，同时在城市定居的机会相对较少。最重要的是，花镇移民只从当地政府获取普遍性的社会权益，鲜有来自社会组织或企业等其他机构的支持与帮助。换言之，花镇移民在三个案例中属于最为弱势的群体且获取的资源与支持最少。除了移民群体本身禀赋与外部支持的不足，本研究还发现随着城市的不断发展和区域升级，像花镇这样的城中村正不断在城市空间里缩小或边缘化，正如花镇移民居民所经历的区域内环境污染整治行动一样。从这个角度看，若不给予任何政策或行动干预，花镇青年在城市空间内的弱势处境有可能会更加强化及固化。基于以上观察，本研究也认为城乡移民的禀赋以及城市权益的实践形塑着移民空间，反之亦然。

这在西部工业园案例中同样适用。西部工业园是典型的劳动密集型产业集中的工人宿舍园区。这里电子厂的流水线生产车间工人们受教育水平基本在高中以上，有大量工人是从职业技术院校里的"学生实习工人"身份转换而来的正式工。工作场域流水线生产车间的泰勒制管理方式以及生活场域的"工人宿舍制度"，使这一群体的权益实践得到学界的广泛关注与共情（Smith，2003；Smith and Pun，2006；Pun and Smith，2007；Chan and Pun，2009；Pun and Chan，2013），并有学者认为"工人宿舍制度"造成了"城市生产与农村再生产之间的空间隔离"，使得工人们的城市权益受到侵犯（Pun and Chan，2013：181）。这些批评也并非空穴来风，从实证资料我们知道，尽管西部工业园的工人青年们的劳动合同与社会保险可以得到普遍保障，但他们在厂工作期间，几乎很难有机会让家人共同在城市居住，更不要说让孩子享受到当地的教育资源。本研究还关注各个主体之间的互动，发现西部工业园案例里的移民工人能获取到来自地方政府、社会组织、企业的更多关注和待遇，包括了为西部工业园的社区服务提供的专项资金、特别的管理制度、丰富的工人赋权与娱乐活动等在其他案例并不具备的普遍性权益以外的服务。在各种权益实践中，为了维护区域的社会稳定，当地基层政府在许多移民相关活动中占据着主导地位，这也是产业工人宿舍社区空间特有属性所产生的权益实践权力关系。由此，我们可以看到移民空间的属性对其权益内容与实践的影响力。

新城案例的经验资料也证明了这一论点。如前所述，新城是锦城政府重点打造且聚集了诸多科创世界 500 强以及新兴创新创业企业的区域，吸引了大量的移民精英。这一空间属性的定位使其不仅配备了一流的硬件设施，同时也得到了地方政府的大力支持。例如，我们在实证章节中所呈现的"保姆式服务"，包括为回应移民精英们城市生活的具体权益诉求所举办的相亲联谊活动、楼宇社区、楼宇党建，以及支持移民在商业住宅区里的自组织的发展。这些活动的设计与开展都符合新城这个特殊空间里的移民实际需求，若将这一套方案套用到其他两个案例中反而不适用，由此同样支持移民空间特性将形塑移民相关权益实践的论点。相应地，新城移民精英也在反向影响着空间。这些移民精英都有某些共性，比如受教育水平高，且从事某些技术水平较高或比较前沿的行业，于是他们也身体力行地强化了这一移民社区的形象，使得该社区与其他社区的边界不断强化。如前所述，新城移民是最有能力在锦城定居和购房的群体。他们的禀赋决定了可能为地方经济增长或区域发展作出更多的贡献，于是他们在制度或实践中都被广泛认为是"人才"。这促使更多城市权益创新实践在新城片区开展。同时，由于聚集了龙头企业和移民精英，配套设施和公共服务也具有竞争力，这一片区的房价也开始飙升，被认为是锦城的新地标区域。这些证据也表明城乡移民精英的城市权益实践对空间的影响。

以上三个案例生动地展现了同在一座城市的不同移民空间生态。尽管这些移民都来自农村，甚至大多部分依然持有"农村户籍"这一制度身份，但是在他们的日常生活中获取的实际城市权益却差异很大。在此，本研究首先强调不同移民空间呈现的不同社区样貌、移民禀赋、移民实际获取的城市权益，以及各相关主体之间的权力互动关系。然而，本研究认为各个移民空间内的实践也不断在强化移民群体的异质性，从而进一步使得空间边界更加固化和强化。比如，花镇是一个充满非正式住宅且公共产品和社会服务的供给相对有限的空间，三个案例中社会经济地位相对最为弱势的移民趋向于在城中村花镇这样的移民空间聚集。同时，西部工业园是以劳动密集型产业为主的社区，聚集了许多流水线生产车间的产业工人，而"工人宿舍制度"的严格管理使得移民生活工作不仅有了物理上的边界，管理权威和社区治理所制造出的社区特征边界也不断被强化，使其拥有与其他普通社区非常显著的不同特性。此外，尽管本研究涉及的一些新城移民精英来自农村，但他们自身禀赋使其获取到来自地方政府特别的优待。这些优待体现在硬件设施和支持服务的方方面面，同时，间接地提升了社区形象与品质，也不断强化着该社区与其他社区的边界。以上这些关于空间与空间内的人、日常生活实践以及各主体之间的权力互动关系的辩证关系的观察构建了本研究的核心观点之一，即城市空间内城乡移民城市权益时间可能会扩大空间之间的差异性，加剧群体内生异质性，强化公共产品与社会服务不平等。通过三个案例的实证资料与数据分析，城乡移民的差异性城市权益图景逐步清晰。城乡移民的异质性以及日常生活中实际权益的差异化不断在构建一个本土性的、差异性的社会权益结构，这些结论也回答了本书导论部分提出的研究问题。

时空压缩的权力几何：社会权益本土化
与公共服务不均等化之间的联系

在前面的章节里，笔者简要介绍了"空间理论"是如何被应用在城乡移民研究领域的，并提到了哈维提出的"时空压缩"概念以及后续学者对其的批判。哈维提出"时空压缩"主要解释了资本在当代如何通过空间和时间来灵活地实现积累（Harvey，1989b）。对此，梅西提出了批判性意见，她认为"资本"或经济维度的要素不是定义人们在空间或地方实践的唯一参数。于是，梅西进一步提出了"时空压缩的权力几何"的概念，用以阐释人们的社会位置与他们获取嵌入在行动与互动中的经济、政治、文化与社会资源之间的关联。正如梅西所强调的那样，时空压缩需要社会差异，为此，她还特别举例性别差异可能会对同一地方产生不同感受（Massey，1994）。当然，作为一名在人文地理学深耕的学者，梅西的理论关注点更多是聚焦社会变迁、空间表现、不同群体之间的社会分化的关联。这样的视角可能并不完全适用于本研究，譬如本研究也关注国家政策、本土化制度、日常生活中不同主体之间权力互动关系等。然而，梅西的理论也拓展了笔者面对田野调查的研究对象的理论敏感性，并帮助构建了本研究与"空间"有关的核心论点。比如，从国家户籍制度发展趋势以及地方移民相关政策背景来看，城乡移民无论是制度身份还是公共产品与社会服务都往"平等"方向深化改革。然而，本研究的数据显示文本上的制度身份可能会忽略日常生活中那些嵌入在地方（place）之间、空间（space）之间、主体（actor）之间的不公平的实践，这是值得学界与政策制定者特别关注的方面。当前，户籍制度与城乡移民政策日趋强调在地性与本土化（localisation），地方政府在城乡权益设置与实施方面较过往拥有更多的自由裁量权，区域或城市之间也开始了新一轮的"人才"竞赛，在此背景下，对地方城乡移民社会权益图景的探索于是被同时赋予了理论与实践意义。

在梅西的"时空压缩的权力几何"概念的启发下，本研究也认为城乡移民群体在城市空间的权益实践具有"时间性"。首先，三个案例的城乡移民获取锦城制度身份资格的时间不同。比如新城移民可以通过"条件入户"（见第二章表2－1）或"积分入户"（见第二章表2－2）的方式获取制度身份，因为他们可能同时满足受教育程度高、专业技能高、经济条件优越、有意向创业等限定条件中的好几项，具备户籍迁入的绝对优势。同时即便不选择户籍迁入，他们也可以在城市中获取优质的资源或购房定居。然而在其他两个案例的城乡移民为了满足户籍迁入条件并获取正式的制度身份则可能需要更久的时间，比如满足既定期限的劳动合同、租房合同或者社保等各类条件。其次，城乡移民群体权益实践的"时间性"还体现在代际发展与阶层跃迁上。从随迁儿童在城市获取的教育与照料资源上看，三个案例也呈现出差异性特征。学界已有非常翔实的研究佐证教育资源的不公平分配会影响移民的阶层跃迁以及子女弱势地位的代际固化（Goodburn，2009；Lan，2014；Xiong，2015；Zhang，Li and Xue，2015；Dong and Goodburn，2020）。从这一点可以看出，权益差异化的壁垒具有时间延展的属性，这可能会导致阶层固化以及权益的"马太效应"。

　　同时，梅西的"时空压缩的权力几何"的概念也启发笔者注意到本研究移民城市权益实践的空间性。如前所述，三个案例中观察到的城乡移民差异化的经验让笔者认识到城市权益越发被制度、政策，以及各主体日常生活实践构建为一个本土化、差异性结构的体系。从空间理论范式出发，这种体系本身也在社会治理中成为一种空间政治。学界对这一实践持有敏感度，许多学者明确指出中国社会的城市权益不再局限于过往的民族国家或者城乡二元的范式，相反，越来越多的地方政府采用"划区而治"（zoning making）以及"尺规转变"（scale shifting）的治理方式来确保资源的持续累积以及实现资源价值的最优分配（Valverde，2010；Zeuthen and Griffiths，2011；Zeuthen，2020）。以本研究为例，虽然各个移民社区的自然形成受到社区的社会经济条件、集中产（企）业类型、移民禀赋特征等因素的影响，但是以地方政府为主导的其他主体在移民权益方面实践也对移民社区的空间边界强化起到关键作用。于是，"划区而治"的策略在地方政府的移民相关治理中尤为有效，因为只有这样，地方政府才能整合产业、移民禀赋、城市区域规划等各种资源，实现效率最优。然而，"效率最优"的光芒容易掩盖结构性的不公平。此外，"尺规转变"成为地方治理的另一策略，为认识中国社会权益本土化提供了视角。三个相异的移民社区生态使笔者认识到社会权益差异性的边界是灵活的，不仅是省（市）际也可能存在于不同街道或社区。也正是因为这一特性，不仅治理者能够通过"尺规转变"的策略实现"效率最优"，而且就一些移民而言，也可以寻求个人（家庭）发展机会或经济利益最优。譬如，新城案例的萍姐（受访者SHM35）和阿辉（受访者SHM34）对各地区的移民相关政策以及附带的社会权益非常了解，于是萍姐为了获取更多教育资源的机会而保留了深圳的户口，阿辉则为了同时获取工作城市和农村老家的权益而选择保留农村户籍。三个移民空间以及空间内的人与权力互动关系都有明显的差异，且从时空视角看这种差异性还有逐渐强化的趋势，这些经验观察无一不提醒学界亟须对"效率最优"前提下"差异性权益"现象的关注，以及对城市空间内各种类型居民实现共同富裕的积极探索。

综上，受到空间理论的启发，本研究在讨论中国城乡移民在超大城市的实际权益时，不仅关注到制度、移民禀赋、各主体互动实践所构建的城市权益和空间的差异性，而且也注意到这种差异性的时空延展性。从这个意义上看，本研究的实证数据与分析提供给我们重新审视中国社会城乡移民城市权益的视角，即城乡移民的权益不再是以文本（比如户籍或其他移民政策）界定的二分制度身份，而是在一定空间里各主体之间的实践塑造的身份，其中，"身份"的界定并不是固定的，而是在时间和空间维度均呈现弹性的实践。当然，作为社会学学者，笔者尤其关注的是那些处于弱势的群体成员在时间上呈现阶层跃迁受阻或在空间上遭遇排斥的不公平现象。于是，我们不仅要关注制度上所定义的普遍性权益的公平，也要考察城乡移民群体在日常生活中实际获得的城市权益情况。

小　结

本章是继数据分析的实证章节以后对本研究核心观点进行阐述的又一章节。受空间理论的启发，本章首先探讨了三个案例的移民禀赋、实际获取的权益、各主体之间权力互动关系差异性与空间呈现的关系，指出城乡移民实际获取的城市权益差异性会呈现在移民空间上，使同一城市里不同特征的移民空间得以共存。随后，结合本研究三个案例的经验，笔者又指出空间的差异性极大可能强化和固化城乡移民的异质性以及权益差异性，酝酿更为显著的公共产品和社会服务的不均等化分配。

此外，本章进一步探讨了空间理论研究领域哈维提出的"时空压缩"概念，以及梅西对这一概念的批判观点。在此基础上，受到梅西"时空压缩的权力几何"概念的启发，笔者进而指出本研究中城乡移民城市权益差异性的时间性与空间性。首先，从时间性来看，三个案例的城乡移民在同一城市获取正式制度身份以及一些权益机会的"时间"是呈现差异性的。另外，本研究认为移民权益差异性的时间性还体现在其代际发展与阶层跃迁上，比如，三个案例移民子女获取在城市受教育的机会不同将导致各个案例移民代际发展与阶层跃迁机会上的差异。由此，我们可以看到城乡移民城市权益差异性的时间特性有可能会造成越发显著的社会权益不均等分配以及阶层的不流动。

从空间性来看，笔者首先指出三个案例所呈现的空间差异性，随后又从地方政府的角度探讨了"划区而治"和"尺规转变"两类与空间相关的治理策略。根据实证数据，笔者认为中国超大城市权益越发被制度、政策，以及各主体日常生活构建为一个本土化的、差异性结构的体系，且在时空因素的影响下，这些特性还越发显著。学者与政策制定者尤其应该关注城乡移民在日常生活中实际获取的社会权益，以及那些"最优效率"光芒下存在的各种社会权益不公平的现象。

第九章　城乡移民青年城市权益本土化
与差异化的时空性及展望

改革开放几十年来，中国的城镇化释放了大量的城乡移民劳动力。在过去，基于"城乡二元"理论范式，学界认为城乡移民的"制度身份"是界定权益内容、制造权益差异性的根源所在。然而，伴随着户籍制度的深化改革、城乡公共产品与社会服务均等化工作的不断推进，我们可以看到城乡居民"制度身份"的壁垒在不断消解，在这一群体被冠以普遍性制度身份的情况下，是否就代表杜绝了权益差异，这一问题成为本研究的起点。事实上，这也是国际学界从认识论上探讨"身份与权益"这组关键概念的前沿议题。随着全球化与城市化的发展，移民权益实践呈现多元化的特征，社会经济的发展要求消解文本意义上"身份"的区分，但聚焦到每个地方、社区、个体，权益的差异性似乎一直存在。于是，学者们认为权益的实践不应局限在文本上的"身份界定"，而更倾向于观察移民在日常生活中的权益实践（Isin，2002；Lazar，2008）。这些观点从认识论上启发了笔者，于是本书从一个特定"地方"的移民身份认同自我阐述、日常生活中的权益实践，以及与其他主体权力关系互动的原始数据中去建构城乡移民的社会权益实践相关理论。通过数据导向和以归纳逻辑为特征的扎根理论方法路径，本书紧紧围绕核心问题"目标城市的城乡移民是如何在日常生活中实践其成员资格与社会权益的"开展了数据采集与分析工作。经过"开放编码－类别建构－主题建构－理论建构"的反复迭代过程，本研究认为目标城市城乡移民青年的权益日趋本土化以及差异化，这些特征不仅体现在权益内容上，而且体现在移民日常生活中与其他主体的互动以及时空上的呈现。

回应研究问题

本书的研究发现可以通过对研究问题的回应进行逐一阐释。首先，本书在第二章分析了目标城市锦城的移民制度身份相关政策，包括当地的户籍迁入制度以及其他移民人才计划，是对本研究第一个子问题的回应。在这部分内容中，我们可以看到尽管国家层面不断推进具有普遍性的制度身份，但地方拥有更多的自由裁量权，并实施了一系列本地化的制度身份改革措施。于是，尽管同为城乡移民，但这一群体有可能被指引到不同的制度身份中去。比如，本书关于目标城市移民政策的分析让我们知道主要的制度包括居住证、人才项目，以及通过条件或积分获取当地户籍。但从第三章到第五章所呈现的有关三个移民社区的实证资料来看，针对不同社区移民群体，其城市权益的获取与"制度身份"的黏度不尽相同，呈现社会权益的结构性差异。首先，本研究数据显示城乡移民的"成员资格"依然是获取城市社会权益的"门票"。比如，"居住证""正式劳动聘用合同""房屋租赁合同"等是城乡移民随迁儿童在城市获取公立学校学位的基础性文件。同时，城乡移民在连续缴纳两年社保以后才有资格在锦城购买房产。相比之下，这些城市权益的获取对于处在较好经济社会地位的城乡移民来说更有利——即便他们保持农村户籍这一"制度身份"，但仍然比其他同辈移民拥有更多的选择权。从这类移民精英的实践来看，"制度身份"对他们并不会成为制约。其次，本研究的实证资料提醒着研究者需要重新审视成员资格与社会权益本土化议题。从三个移民空间的权益实践来看，当前学界关注的"权益本土化"议题居然不只是"国家－地方"单向赋权的动态变化趋势，还有尺规不断细化，可能下沉至具体区域、街道、社区的复杂系统。本书就呈现了三种迥然不同的移民城市权益生态，锦城政府会通过激励性的政策将年轻的、受教育程度高的、有竞争性技能的移民引进至政府重点发展的特定区域。相比之下，锦城为中心城区设定了更高的迁户门槛，严格控制户籍人口数量。就此，城乡移民的权益实践与"制度身份"黏度降低，而逐渐倾向与城市空间、权益差异、移民异质等指标紧密联系。

本书对三个田野场移民日常生活中具体权益实践分门别类做出阐述与分析是对第二个子问题的回应。这三个章节的结构主要基于移民自我描述的原始数据建构出的关键主题。通过移民自我身份认同、与其他相关主体的互动，以及在城市空间内的个人发展、定居计划等主题的比较分析，城乡移民群体的异质性以及城市权益的差异性展现得淋漓尽致，这为本研究核心论点的展示奠定了基础。

本书第六章则有针对性地回应了第三个研究子问题，即"社区其他主体如何对待城乡移民"。在这一章里，笔者分别介绍了政府及其代理组织（社区居民委员会）、社会组织、企业是如何参与到移民权益相关的实践中，由此，我们可以看到三种不同的移民权益实践生态。比如在花镇案例中，除了因为区域升级而出现有针对性的劳动仲裁与就业援助等特殊服务，花镇移民通常只能获取国家规定的权益服务。相比之下，西部工业园案例中的基层政府在城乡移民权益服务方面发挥了更为积极的作用，比如联合企业与社会组织的力量，通过党建、"项目制"等方式不仅有效强化各主体之间的联系，也让一线城乡移民工人有机会接触到赋能项目。然而，这些实践并不是以移民权益诉求为导向的，是政府主导的旨在缓解劳资紧张关系的行动，因此具有诸多局限。新城案例则与此不同，基层政府为了让移民精英们能够留下来，提供的各类特定权益均是以移民的真实诉求为导向，包括为简化行政流程提供的楼宇党建（及社区）服务、提供社交网络平台、孵化移民自建组织并引导其制度化等。在此基础上，这一章也从"条块关系"范式的角度提出了本研究的核心论点之一。本研究认为，像花镇这样的城中村移民社区，主要以"条系"部门为主体开展移民权益实践，在此情况下，移民的主体性表达空间相对局限。而相反地，西部工业园与新城案例中，在党委领导下，联合群团组织、社会组织、企业等主体，构建了"块系"部门平台，在移民权益实践工作中有更为积极主动的立场与行动，取得了显著实效。同时，这两个案例中的城乡移民青年相对花镇里的同辈而言有更为明显且积极的主动性，不仅愿意表达自己的权益诉求，更有平台将他们的意愿付诸实践。

　　基于对前面三个子问题的回应，笔者认为第四个研究子问题"城乡移民的权益实践是否呈现差异化"的答案逐渐显现。我们不仅从制度的维度、移民自身视角，以及其他主体的行动可以看出城乡移民城市权益实践的差异化，而且基于这些实证观察，本书还在第八章与第九章阐释了另外两个核心观点。第一，基于城乡移民的自我叙述，笔者筛选出他们在城市生活中最为关注的权益内容，即劳动权益、子女就地入学及照料权益、城市定居机会。这些权益内容存在从"保障型"到"发展型"的序列，并且禀赋和社会经济条件相对低的城中村移民只能获取"保障型"权益，移民精英们则能得到更多"发展型"的城市权益。本书用很多实证资料证明"劳动权益"是移民的"保障型"城市权益，因为他们若想获取城市空间里的其他类型权益都必须以签订正式劳动合同和缴纳社保为基本条件，而教育和定居可能性是直接反映城乡移民阶层跃迁的重要文化资本和经济资本。本书认为三个案例的城乡移民实际获得的权益呈现显著的不均衡性，而且"发展型"城市权益的不均衡分布将强化当前城乡移民的内生异质性，这就使得国家层面推动的普遍性城乡统筹工作面临城乡移民内生异质性、城市权益本土化及差异化的各种结构性挑战。第二，从时空理论视角，本书关注到城乡移民禀赋、实际获取权益、各主体之间权力互动关系的差异性与空间呈现的关系，指出城乡移民城市权益差异性具有时间性与空间性的特质。其中，时间性不仅体现在城乡移民在同一城市空间获取正式制度身份与某些权益的时间成本存在差序，而且体现在其代际发展与阶层跃迁的差异性，于是，笔者认为城乡移民城市权益差异性的"时间性"可能会强化城市权益的不均等分配以及阶层固化。本书关于权益空间性特质的探讨则尤其关注地方政府"划区而治""尺规转变"两类空间治理策略。基于实证资料可见，中国超大城市的社会权益越来越被制度、政策、各主体日常生活实践塑造成一个本土化与差异性的结构体系，这一观察与梅西关于"时空压缩的权力几何"的描述不谋而合。在此基础上，笔者进而指出这一复杂体系本土化与差异性结构的特质在时空因素的影响下可能会越发显著。因此，学界与政策制定者需要关注普遍性权益以及"最优效率"治理策略的光芒下那些容易被忽略的权益不平等现象。党的二十大报告进一步强调继续扎实推进全体人民共同富裕，并提出"高质量发展"等重要内容，而本书中所搜集到的有关城市权益差异性的实证资料也正反映了在达成这些政策目标中亟待关注、讨论并解决的重要议题之一。

理解中国超大城市城乡移民身份与权益实践的新视角

本书通过分析锦城当地城乡移民成员资格、实质性权益，以及不同群体间的互动关系，探讨城乡移民日益显著的群体异质性、城市权益本土化与差异化等重要议题。基于以上提及的主要研究发现，本书可以为理解中国超大城市城乡移民身份与权益实践提供新的视角。

首先，本研究提出的理论主张反映了户籍制度深化改革背景下"普遍性权益"与"差异性权益"并存的社会事实，这为探索我国公共产品与社会权益公平分配议题，提高人民福祉、推动高质量社会发展提供了重要的视角。

差异化权利研究领域的学者们常常引用政治理论学家 Iris Young 对于"普遍身份权利"与"差异化身份权利"这对概念的批判性观点。其中，Young 不赞成将普遍性作为一般性以及平等待遇[1]（Young，1989：251），原因在于这种普遍性"回避和模糊了所有经验、需求，以及需要被听见、值得尊重的各种观点"（Young，1989：262）。因此，Young特别呼吁社会需制定差异性权益以应对群体异质性，而不是采取"差异中立"（difference-neutral）或"无视差异"（difference-blind）的权益政策。受到Young以上观点的启发，Ruth Lister也讨论了"普遍身份权利"与"差异化身份权利"之间的紧张关系，并提出"差异化普遍主义"作为折中策略，以"容纳身份与权利的普遍主义承诺，以及多样性与差异性的诉求"（Lister，1998：71）。

笔者认为，这些主张和立场赋予本书所讨论的"差异性权益"更丰富的内容，差异性的权益不仅是权益内容存在差异的客观表述，同时，也是对学界与实务界关于特殊群体、边缘群体权益诉求予以关注与实质性支持的要求。以本研究所关注的群体为例，我国社会以往关于城乡移民身份与权益的探讨往往将他们归纳成一个同质性的"属下阶层"，然而，区域间社会经济发展的不平衡、公共产品与社会权益分配的不均等、城乡移民群体的异质性使这一目标群体的身份与实际获取权益成为一个需要结合具体情境而展开分析的复杂议题。在这一背景下，学界与实务界容易忽略普遍性权益政策图景下一部分城乡移民在城市空间的日常生活中所经历的差异与排斥。

其次，在前面章节有关"地方身份"的探讨中，笔者提及许多学者认为当前更加具有流动性的边界逐渐塑造了一个差异化、多层级的身份秩序（Soysal and Soyland，1994；Bauböck，

---

[1] 此句的原表述为"universality as generality, and universality as equal treatment"（Young，1989：251）。

1994；Rose，1996；Yuval-Davis，1997；Urry，1999；Isin，
2002），而本研究的数据与分析则进一步注意到这种身份秩序
在地方权益政策与相关实践中逐渐演化成一种治理技术，比如
在本研究所关注的锦城，地方城乡移民政策建构了涵盖不同成
员资格类型的身份体系，这些实践也同样被中国其他超大城市
广泛应用。于是，我们不得不注意城乡移民身份与权益的"地
方性"，这种地方性的标尺具备延展性，不仅涉及国别与城际
差异，而且可以具体到同一城市空间的不同街道与社区。在城
市权益本土化的情境下，锦城不同成员资格的身份体系与区域
公共产品与社会福利不均衡分布紧密结合，于是共同合力构建
了城乡移民普遍性权益落实、"移民精英"优先、弱势移民权
益诉求回应不足的差异化、多层级城市权益复杂体系。本书有
关城乡移民权益"地方性"与本土化的实证数据与理论观点
将对相关领域的学术探讨与社会福利实务提供有用的参考。

　　再次，本书通过比较提出城乡移民权益实践的"时间性"
与"空间性"相关观点。在前面的文献回顾中，笔者提及空
间理论对城乡移民身份与权益研究的贡献（Lefebvre，1996；
Mitchell，2003；Harvey，2008）。这一领域的学者积极地探讨了
资本如何通过"剥夺积累"寻求新市场和资源（Harvey，2005，
2008），城市将如何成为排斥性的空间（Roy，2005，2011；Gh-
ertner，2011，2014；Robinson，2011）。许多学者也聚焦中国社
会城市空间里城乡移民权益实践，比如有关城市中各类型城乡
移民空间的翔实研究，主要包括城中村（Zhang，2001；Xiang，
2004）和工人宿舍（Smith，2003；Chan and Pun，2009），并认
为城乡移民作为弱势群体不断被城市空间排斥，进而使其
"在城市劳动生产和农村劳动再生产过程中产生空间隔离"

（Pun and Chan，2013：181）。这些探讨使我们能更好地理解特定的城市中城乡移民空间与移民权益实践之间的动态关系，然而，这些既有的讨论一般针对同质性的特定移民群体，较少聚焦移民空间、空间内移民实际获取权益，以及各主体间权力互动关系的差异性。对此，本书有关三种迥异类型的移民空间的比较分析则尝试弥补这一不足，不仅对城乡移民差异性权益实践与空间呈现进行全景式的观察，本研究还详细阐述了每个移民空间里移民权益实践以及各行动主体之间的互动关系。最终，本书关于呈现移民差异化权益实践对移民空间边界的强化与固化的论点，也将积极帮助学友与公众理解当前中国社会城乡移民城市权益制度与实践，让人们更加关注这些容易被忽略、有可能进一步加剧的不公平现象。

最后，笔者也想简要阐述一下本书可能在方法论层面上提供的贡献。本书想给学友们提供一个范例，即研究者在没有使用任何既定的理论框架前提下，通过扎根理论方法探索研究问题并建构新理论的过程。正如本书初始章节所提及的，虽然已有大量翔实的研究用各种理论分析框架探讨中国城乡移民身份与权益实践的议题，但笔者依旧面临一个困境，即没有任何一个理论范式能够单独地充分地解释研究前的一些经验观察。于是，研究者此时要通过遵循数据驱动、归纳逻辑以及持续比较的方法来进行理论抽象与建构，其中研究者的理论敏感以及过程的精确执行是研究严谨性的关键。本书记录的数据采集与分析的全过程（详见附录1）将为那些对某一研究主题足够了解但依旧面临现有理论分析框架并不能充分阐释现象的困境的研究者提供一些思路。

新形势下城乡移民青年城市权益保障的展望

本书讨论了一个特定城市的城乡移民青年差异性权益与相关实践，可以给读者们提供一些有价值的参考信息，包括我国城乡移民在城市空间的成员资格、日常生活中实际获取的权益，以及移民与其他主体之间的互动关系。这项研究数据抽样与分析过程反复迭代的方法论，不仅对研究人员数据分析能力要求比较高，而且项目所耗费的时间成本也比较高。作为研究者，笔者深感即便投入再多的时间，无论是项目执行还是成果呈现依旧存在一些局限性，尤其是在项目执行过程中，笔者触及一些在未来有可能发展成为有价值却未能在此书中进一步探讨的重要议题。

在本书结尾的最后一小节里，笔者希望抛砖引玉，简要阐述未来可能进一步发展的一些议题。

第一，笔者认为城乡移民与其他主体的权益实践与互动的"在地性"和"跨区域性"是值得继续探索的研究方向。本研究的实证数据证明了研究城乡移民在城市空间的权益不再直接反映在"文本"或者"制度"所界定的"身份"（或者"成员资格"）。正如这项研究所建议的方式，研究者们可以尝试从移民在城市空间内的日常生活以及与其他主体的互动实践去分析实际获取的权益。这样的研究视角和路径将个体、行动者、空间有效结合在一起，尤其是城乡移民在特定"地方"日常实践与"跨区域"（translocality）行动，于是，目标群体的权益不再局限在文本，而成为动态的、具有时空延展性的过程、行动，以及关系。从这个层面上看，本研究的认识论立场可以作为一种有效的分析工具，用以分析不同群体间的差异以及嵌入在社会结构、制度、日常生活中容易忽略的冲突或不平等。

第二，研究在执行过程中触及一些重要的议题，但由于研究条件的限制，笔者深感遗憾没有继续探索。比如，三个田野场中的女性移民分享了很多移民生活故事，包括她们跨空间（或阶层）的经历、子女在城市的教育与照料、职场工作文化、家庭伦理冲突以及城市定居的期待等，这些故事一直在研究过程中不断激励和启发着笔者。学界也确实有许多理论家身体力行，将"性别"与公民身份权利紧密结合的尝试（Young，1989，2020；Mouffe，1992；Yuval-Davis，1997；Lister，1998）。前人的研究经验与此次研究经历也使笔者意识到城乡移民身份与权益实践的研究具备成为一项交叉学科以及有效分析工具的潜力。于是，本研究所触及的关于青年城乡移民"消费者身份与权益""数字身份与权益"，以及后疫情时期"零工经济""斜杠青年"等各种新劳动关系、新就业形式构成的移民"身份与权益"给予这一目标群体与研究领域丰富的研究空间。

第三，本研究的数据证明城乡移民群体内部异质性以及城市权益差异性具有显著的情境特质。从这个层面看，即便本书多次提及移民的权益差异性将极有可能强化，以及移民空间差异性的边界越发固化，但无论是个体还是不同移民空间所呈现的群体类型的发展与变迁都与国内外的情境紧密相关。譬如，后疫情时期地缘经济政治的变化、环境与气候、结构性失业与劳动力市场的变更、新技术与新能源的兴起等都使得我们每一个人以及所在的社区面临着风险。

在这样充满风险的复杂情境中，不同群体会因为区域福利水平、行业、企业规模、政府治理能力等差异而呈现不同的实践，于是，个体实际权益获取以及与其他行动主体之间的权力互动关系有极大可能会被重塑，从而本书呈现的核心论点会发生变化。因此，情境性是本书所有主张的关键所在。

附录1 研究方法路径与数据：
扎根理论方法的执行情况

　　此附录部分，笔者将阐释数据采集和数据分析的全过程，包括准备阶段、试访谈、进一步访谈、数据编码与构建理论的具体迭代过程。主要阐述了本研究对扎根理论方法的理解以及数据采集与分析具体步骤等六个方面的内容。

　　首先，本部分阐释了本研究对扎根理论方法的理解，并厘清本研究采用实用主义扎根理论方法的立场。其次，笔者又介绍了研究准备阶段的工作，主要包括文本上的研究以及理论概念的储备。笔者认为通过这样的方式可以增加研究在后续工作中的理论"敏感性"，这也是扎根理论方法里面非常重要的环节。再次，笔者介绍了试访谈阶段的工作内容以及阶段性样本成果。随后，笔者逐一介绍了如何在三个案例中拓展数据采集样本，尤其阐释了与初访谈阶段数据采集之间的关系。紧接着，在数据拓展阶段，笔者则采用了大量的录音转录文本作为数据资料。之后，笔者从数据类型与数据分析两个维度去呈现扎根理论"数据采集与分析"同时进行的动态过程。比如在初访谈中，笔者通常倾向于使用田野日记与备忘录记录数据，并用便利贴分类进行数据整理与编码，由此可以提高数据处理效率。最后，笔者展示了如何借用质性数据分析软件进行数据处理，还特别讨论了扎根理论迭代数据分析过程的终点——理论饱和，并指出本研究是如何鉴别并结束数据采集工作。

扎根理论方法

正如本书前面章节反复主张的，身份制度以及相关权益是一组跟随社会经济不断动态发展的概念，并成为一个前沿的、极具包容性的跨学科领域。因此，从不同的视角去审视目标群体的"身份"以及所属的权益可能会得出不同结论。面对如此情形，笔者没有用既定的理论框架来分析目标区域的身份制度以及相关实践，而希望从目标群体的日常实践来构建身份制度这一概念。这一研究路径直接指向一种由数据驱动且归纳的方法论逻辑，符合扎根理论方法的主要特征。

Glaser 与 Strauss 被广泛认为是最先使用扎根理论方法的学者。在 20 世纪 60 年代，他们为了应对学界过于强调方法的学术风气而逐渐发展了扎根理论方法路径。他们曾评论道，"高度抽象的理论与众多微小实证研究之间尴尬的显著差距是当前社会学研究的特征"（Glaser and Strauss，［1967］2006：97）。值得注意的是，Glaser 与 Strauss 两人所接受的学术训练以及后来的主张都存在一些差异。比如，这两位学者来自美国社会学两个迥异的学派，Glaser 承继了拉扎斯菲尔德与默顿为代表的哥伦比亚学派，而 Strauss 承继了布鲁默与米德为代表的芝加哥学派（Bryant，2017：65）。然而，这两位扎根理论创始人认为这两个美国社会学经典学派以及战后美国社会学的后继者都没能有效解决抽象理论与实证研究之间的"尴尬差距"（Glaser and Strauss，［1967］2006：vii），于是，他们才致力于发展扎根理论来解决这一难题。

扎根理论的主要特征

扎根理论是一种通过持续比较（constant comparison）的路径从社会调查数据中归纳提炼理论的一种方法（Glaser and Strauss，［1967］2006）。Glaser 与 Strauss 认为，扎根理论的设计与从建构成熟的正式理论推导实际所用的方法相反。为了读者更了解本书的方法路径，笔者在此将对扎根理论的主要特征做简要解释。许多方法学家总结了扎根理论在操作过程中的特点，包括了数据收集、编码与数据分析同步进行，以及研究者对现实生活体验的敏感性与高度准确表达的能力（Glaser and Strauss，［1967］2006；Charmaz，2006；Martins，2013）。另一种比较被广泛接纳的总结来自其创始人，Glaser 和 Strauss 认为，扎根理论具有四个高度相关的特征："适应性"（fit）、"可理解性"（understandable）、"普遍性"（general）和"可控性"（controllable）（Glaser and Strauss，［1967］2006：237 - 250）。其中，经由扎根理论方法路径生成的理论需要与实质性的领域（substantive areas）紧密结合；对关注相关领域的非专业人士来说易于理解；可普遍适用于各种日常生活场域；对日常生活的结构和过程方面具有灵活性（Glaser and Strauss，［1967］2006：237）。

扎根理论可以采用不同的形式来操作。在方法创始人 Glaser 和 Strauss 的早期应用里，他们以"死亡"（dying）研究作为示例，并提出扎根理论方法路径可以生成两种类型的理论：实质性理论（substantive theory）与形式理论（formal theory）。实质性理论是指"已在社会学研究领域发展出实质性或经验性的理论，譬如病患照料、种族关系、专业技能教育、青少年犯罪或者特定研究机构等”（Glaser and Strauss，［1967］2006：32）。形式理论是指“在社会学研究领域发展出形式的、概念性的理论，比如耻辱、越轨行为、正式组织、社会化、社会地位一致性、威权与权力、奖励机制与社会流动”（Glaser and Strauss，［1967］2006：32）。从这一层面上看，扎根理论具备如默顿所倡导的“中观”的视角，即可以将研究者置于“与日常生活有关的微观假设”与“包罗万象的宏观理论”之间（Glaser and Strauss，［1967］2006：33；Bryant，2017：66）。

那些如归纳方法路径与中观视角的主要特征使得扎根理论尤其适用于一些研究，即“当研究者对现象知之甚少，且研究目标是产出或建构一种解释性理论以揭示实质性研究领域内固有过程”（Chun，Birks and Francis，2019：1－2；Birks and Mills，2015；Bryant and Charmaz，2007）。反观本书所聚焦的研究对象是一个特定地方的城乡移民青年身份制度以及在日常生活中的实践，难以用文献中所提及的主流理论分析框架去展开分析，因为可能“将使得数据受限制或者失真，以适应推断成为理论的范畴（categories）”（Glaser and Strauss，［1967］2006：237－238）。于是，与其他方法路径相比，扎根理论更为适合本研究，不盲从既定的理论分析框架，允许研究者发展适应具体日常生活现实的理论。

扎根理论作为一种不断发展的方法

前文有关扎根理论一般性特征的论述是创始人 Glaser 和 Strauss 有关该方法的最初构想，但事实上，在过去几十年的应用中，扎根理论经过学界的讨论、重新表述以及改进发生了许多改变。Martins 曾将扎根理论分为三种流派，分别是 Glaser、Strauss 和 Charmaz 三位方法学家不同主张的方法立场（Martins，2013）。首先，Glaser 派别的研究者处于相对被动的立场，在数据收集和分析之前没有任何预设概念，认为理论随着研究推进自然而然地出现，而不是将解释性的结构框架植入数据中（Glaser，1992；Rodon and Pastor，2007）。相比之下，Strauss 派别的拥趸则建议采用更具结构的方式来收集和分析数据（Strauss and Corbin，1997）。然而，这种观点经常因"脱离原始的概念框架太远"而经常受到批判（Pickard，2007：156）。相比前面两种派别，Charmaz 有关扎根理论的操作立场更倾向于结构主义的立场。她强调研究者的自身立场对扎根理论方法路径的操作过程至关重要（Charmaz，2000，2006）。

除此之外，方法学领域对扎根理论的操作还有更多的理解。比如，出于不同的本体论和认识论观点，一些方法学家将扎根理论分为 Glaser 和 Strauss 所代表的后实证主义（postpositivism）（Glaser and Strauss，1967）、Strauss 和 Corbin 所代表的符号互动主义立场（symbolic interactionism）（Strauss and Corbin，1998）以及 Charmaz 所代表的结构主义立场（constructivism）（Charmaz，2000）。当然，我们还可以在其他文献中找到有关扎根理论的应用实例（Charmaz，2006；Bryant and Charmaz，2007；Urquhart，2012；Bryant，2017），但我们需要认识到有关该方法路径操作的变形论述不可能穷尽。尽管如此，以上不同理解显现出研究者在方法操作中不同的哲学立场。研究者们结合研究实际情况对扎根理论的不断改进也揭示了其可以作为一种灵活的、实用的、具有无限潜力的方法路径。笔者认为，当下大多数对扎根理论的质疑和主要争辩的核心关于两个主题，即"预设概念以及文献综述的必要性"与"扎根理论的实用主义"。这两个主题也与本书所涉及的研究设计紧密相关，所以笔者在附录中一定要向读者详细阐释一下。

预设概念与文献综述的必要性

Glaser 和 Strauss 在起初都尤为强调扎根理论是在没有任何预设概念的前提下开展的。尽管 Glaser 在后来依然坚持这一特征（Glaser，1998），但 Strauss 及其同事随后认可文献综述在扎根理论中的重要作用，具体体现在积淀研究者的理论敏感性以促成研究问题产生，指导理论抽样，以及提高数据分析的有效性（Strauss and Corbin，1990，1997；Corbin and Strauss，2008）。伴随着扎根理论的广泛应用与发展，预设概念以及文献综述的必要性成为其在研究应用过程中的一个关键性问题，且直接导致方法学家的不同阵营。Glaser 有关避免预设概念指导性理论框架的观点受到许多学者的质疑，比如，Bryant 就反驳道："人类的认知并不是以这种方式（没有预设概念）工作的"（Bryant，2017：22）。其他学者也相继反对，并主张提前了解研究相关领域的理论对研究顺利开展的作用举足轻重（Strauss and Corbin，1997；Parry，1998；Henwood and Pidgeon，2003），如 Henwood 和 Pidgeon 就认为："那些对扎根理论不太熟悉的人们通常将扎根理论误解为完全摒弃文献综述以保持对数据相关性的敏感性，但有时候研究者需要通过更有区别性策略的特殊方式来使用文献"（Henwood and Pidgeon，2003：138）。

在此情形下，"敏感概念"这一术语被学者们关注并广泛讨论，用以作为应对扎根理论应用中以上争论的有效途径（Patton，2002；Padgett，2004；Bowen，2006；Bryant，2017）。"敏感概念"由社会学家布鲁默提出。与"限定概念"（definitive concept）相反，布鲁默认为"限定概念提供了关于'看什么'的指导，而敏感概念则提供'哪些应该被看到'的方向"（Blumer，1954：7）。布鲁默也身体力行提供给学者们很多关于敏感概念使用的实例，包括"文化""制度""社会结构""风俗"。此外，布鲁默还指出，这些概念"缺乏明确参考，并且没有基准去识别和界定特定实例及其内容。相反，它们依赖于对相关性的一般感知"（Blumer，1954：7）。此后，很多学者便遵循布鲁默的步骤，使用"敏感概念"来执行扎根理论研究（Patton，2002；Bowen，2006）。这些预设性概念的熟悉程度被认为是一个很好的研究起点，是潜在的解释依据，可以"引起对社会互动重要特征的关注，并在特定情境下为研究提供指南"（Bowen，2006：14）。

除了敏感概念的重要性，学者们还深度探讨了扎根理论与"敏感概念"的联系。比如，Blaikie认为，扎根理论研究不能从假设起步，而是需要研究从"敏感概念"着手出发（Blaikie，2000）。遵循"敏感概念"的指引，扎根理论才得以实现不仅恪守归纳的方法逻辑，而且激发研究者主动发现、理解以及解释田野场有关社会事实的兴趣。学者们有关预设概念与文献综述的讨论所表达的核心诉求是预设概念与扎根理论并不是互相排斥的，而是可以互相补充的。正如方法学家Dey评论道，"一个开放的心态（an open mind）与一个空脑袋（an empty head）是两码事"（Dey，1999）。由此，研究者对相关领域专业知识的敏感性对于扎根理论这样特别的定性研究是必需的

（Corbin and Strauss，2008）。一些学者在方法应用方面走得更远，他们进一步建议在扎根理论中使用概念框架，这样的框架可以涵盖多个敏感概念，为后续理论抽样与理论建构提供动力（Seibold，2002；Bowen，2006）。

以上这些讨论塑造了对本书的研究设计。首先，笔者同意文献综述对于扎根理论的必要性。于是，正如前文所呈现的，本书有特定章节阐释了中国以户籍制度为主的身份制度以及城乡移民研究的主要分析视角，这部分可以提供给读者理解相关研究领域以及本研究目标群体的基本理论知识。其次，本书也探讨了一些对后续数据采集和分析有帮助的敏感概念，比如身份制度的变迁以及身份制度的本土化实践等。这些敏感概念来源于研究者对社会事实的初步观察，同时赋予了研究者一种感知，在随后进入田野中能够从大量数据中识别最可能符合概念抽样"类别"（categories）的能力。就此，敏感概念最终能够帮助研究者在社会现象中获取更深层次的理解（Bowen，2006：20）。

扎根理论的实用主义

面对扎根理论的各种方式的应用，我们可以感受到这种方法路径在实际操作中越发向实用主义倾斜。在扎根理论的操作中，一种广泛应用的范式是遵循 Glaser 和 Strauss 提出的"开放编码－轴向编码－选择编码"路径（Strauss and Corbin，1998）。然而，许多研究者批判实际操作中对以上范式的过度依赖容易将扎根理论沦为机械化方法应用（Bryant，2017：223），所以 Strauss 和 Corbin 才不断提醒研究者们不能将扎根理论的编码程式视为"配方"（Strauss and Corbin，1998：xi）。伴随着这些争论，扎根理论方法被学者们不断在研究实践中探索、拓展与积累，并产生了许多有影响力的研究成果（Charmaz，2006；Bryant and Charmaz，2007；Urquhart，2012；Bryant，2017），这些研究实例也证明了扎根理论是有潜力适用各种情境并足以产生有价值和包容性强的成果的（Bryant，2017：87）。

其次，扎根理论方法所处理的数据类型在实践中越发多元化，包括文档、网站以及其他如电子邮件、社交媒体上各种对话和交流等各种数据资源（Bryant，2017：183）。此外，关于数据分析，扎根理论的编码和理论建构路径并非固定的、不可修改的程式，相反，它可以是多元且具有包容性的。比如，有研究者认为"逐字"（word by word）或"逐行"（line by line）编码并不适用所有分析需求，有时候可能对田野笔记或者研究者的备忘录的快速分析反而更有效（Charmaz，2014；Bryant，2017）。这些出于实用主义的方法操作建议对笔者在本研究早期阶段的数据收集和分析时非常有帮助。比如，本书所呈现的三个田野场的选用并不是基于笔者既定假设主动选用的，而是通过各种机缘巧合，通过"滚雪球"的样本选用方式、迭代数据收集与分析以后的结果。需要注意的是，滚雪球抽样方式仅仅增加受访者数量，扩大了样本规模。但对理论抽样有关键影响的是那些初始阶段笔者的田野笔记和备忘录。正因为这些数据资源规模小但信息量大，使得研究者能在第一时间生成编码或类别，有效促进新一轮数据采集和分析，以此不断迭代，直至理论饱和。

尽管近期的扎根理论应用都显现出越发明显的实用主义倾向，但这并不意味着扎根理论是一种放任自由的方法路径。无论方法实际操作的形式有多么灵活和多样，扎根理论的核心要素缺一不可，即数据驱动（data driven）、归纳逻辑（inductive logic）和持续性比较（constant comparison）。在 Glaser 和 Strauss 早期的作品中，他们把持续性比较归纳为四个阶段，即"比较适用于每个类别的实践，整合类别和他们的属性，界定理论，以及撰写理论"（Glaser and Strauss, 1967：105）。尽管这四个阶段勾勒出扎根理论的基本程序，但实际操作需要研究者处理和解决问题的情境可能会更为复杂。因此，笔者认为扎根理论不是一个方法执行的线性过程，而更像是一项涉及归纳和演绎思维的迭代性的工作。因此，以上列出的四个阶段可能会在研究执行过程中全部或部分反复不断地出现，这是扎根理论与其他纯描述性分析方法路径最为不同的特征之一（Chamberlain-Salaun, Mills and Usher, 2013），研究者在呈现研究结果时也需要把这样的过程尽可能地进行详细阐释。

在这项研究中，笔者借鉴了 Bryant 和 Charmaz 有关对扎根理论的理解与相关执行策略，在遵循扎根理论最核心的技术要素的同时，也允许研究者在数据分析过程中拥有更多的灵活性。正如 Bryant 和 Charmaz 所提到的："扎根理论旨在鼓励研究人员与第一手数据持续互动，并持续参与到研究执行过程中不断萌生的分析中去。数据收集和分析同时进行，且两部分互相给予信息又互相简化过程。扎根理论将实证经验的检验纳入分析过程中，同时引导研究者审视对经验发现所有可能的理论解释。这种在实证数据与不断萌生分析之间来来回回的迭代过程使得收集的数据越来越聚焦，且分析也越来越理论化"（Bryant and Charmaz, 2007：1；Bryant, 2017：89 - 90）。这些观点都启发笔者在本研究中对扎根理论的应用。图附 1 - 1 是本研究执行初期所采用的方法执行线程。①

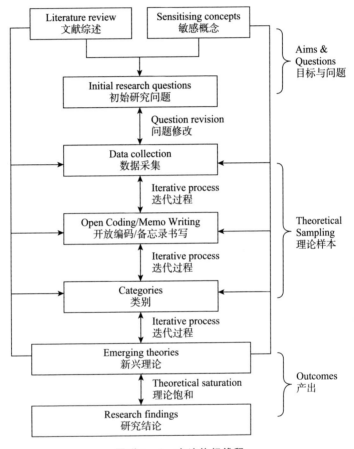

图附 1-1 方法执行线程

---

① Pidgeon 和 Henwood 在 *Handbook of Data Analysis* 一书中有相似的图例呈现（eds. Hardy and Bryman, 2022: 631），但这张图是笔者在其基础上根据本研究实际操作情况而改动得出的。

上图仅是对步骤的一个简要概括，在接下来的章节里，作为本研究的方法技术内容，笔者将详细阐释本研究数据收集和分析的具体措施。

准备阶段

文献研究和敏感性概念

在进入田野场开展研究时，笔者做了很多准备工作，主要包括两部分内容：文献研究和寻找潜在受访者。首先，文献研究主要通过阅读相关领域的学术文献、研究报告、新闻报道以及地方政策等资料增强笔者入场前的"理论敏感性"。如前所述，敏感概念在扎根理论研究中能够有效帮助笔者进行数据收集、分析以及后期的理论建构。因此，对相关文献的梳理与分析是整个研究第一步也是最为重要的一步。

作为定义中国老百姓制度身份以及权益内容的重要制度，笔者首先分析了中国户籍制度的发展历史以及研究中国城乡移民的主要分析视角。由此，笔者除了获取目标群体的必要理论知识以外，还可在数据收集和分析过程中激发其理论敏感性。这是完全以第一手数据引导研究理论建构的有效路径，例如，只有在笔者获取到一些知识以后才能明确本研究实证数据与过往研究的主要解释框架之间的差别；相应地，这些差别会不断激发研究后续的探索，直到达到理论饱和，这样一个动态且迭代的数据收集与分析过程才结束。

敏感概念对于质性研究尤其重要，因为它们可以为研究者提供有效的工具（Patton，2002），尤其在扎根理论的应用中，它似乎在增强研究者的主观感知力（perception）。但与其他方法路径不同的是，敏感概念并不提供既定的理论分析框架，它建立了分析的起点但并未确定分析的终点（Charmaz，2003：259）。并且，敏感概念的应用本身就是灵活的——"可以测试、改进和完善，并帮助研究者从原始数据中识别出实质性的代码，用以进一步建构主题"（Bowen，2006：14）。

潜在目的区域以及相关联系人

除了文献方面的准备，笔者在数据采集正式启动之前也为进入田野做了一些准备。比如查阅了目标城市锦城的城乡移民聚集区域，并整理出一张列表。事实证明这一步骤对随后的田野调查产生了有用的参考和指导作用，因为通过扎根理论路径形成的三个田野场与预先拟定的潜在移民社区有重叠。与此同时，笔者开展田野调查前也努力寻求关键联系人的帮助。例如，笔者联系了熟悉锦城社会组织网络的学者，随后才有机会接触到西部工业园案例和新城案例的社会组织，进而才能发展成本研究的田野场。

以上准备工作为后来田野调查顺利进行奠定了良好基础，但本研究在执行过程中谨遵扎根理论的核心要素，在这个阶段的所有工作并未设置任何假设或田野地点，而是旨在激发笔者对研究对象与研究内容的敏感性，确保数据收集工作更为聚焦，避免偏航。

试访谈阶段

基于田野调查前的准备工作，笔者随后开展了试访谈，为笔者提供了接近潜在田野场和受访对象的契机。在方法上，为了高效分析第一手数据、调整访谈大纲、拓展新主题，笔者主要采用田野笔记的方式而非传统的录音方式（Bryant，2017）。最终，笔者一共在试调查阶段多次且深度访谈了 10 位受访者，且他们均成为发展三个田野场的关键人物，具体细节如表附1 – 1。

表附 1 – 1　试访谈阶段受访者统计

调查地点	受访者
花镇	1 名移民、2 名城中村房东
西部工业园	3 名社工
新城	2 名学者、1 名社工、1 名政府工作人员
总计	10 人

试访谈为后续发展田野调查地点奠定了良好基础。经过三个月试访谈，笔者基本确定三个田野场：花镇、西部工业园、新城。试访谈能有效地帮助研究建立了抽样框架并让研究者发现了最初拟定方法路径中可能出现的执行问题（Teijlingen and Hundley，2001）。正如很多扎根理论方法学家提及的，试访谈也帮助研究者聚焦研究内容（Frankland and Bloor，1999）。在本研究中，即使试访谈是课题执行的初始阶段，但在比较三个田野场的实证数据以后，锦城移民社区城市权益实践的不同生态已然初步显现。正是这些初步观察引领着笔者继续关注三个田野场的城乡移民城市权益异质性等问题，并确定了继续将比较视角贯穿整个数据收集和分析之中。此外，试访谈阶段受访者涵盖了不同群体，比如移民、房东、社会工作者、政府工作人员，这使事先草拟的访谈提纲得到评估与验证。方法学家

Holloway 认为，因为质性数据收集和分析是渐进的过程，所以并不需要单独的、排外的试点研究（Holloway，1997：121）。因此，与定量研究不同，本研究的试点访谈不是单独的实验，而是一个必要的阶段，旨在改进拟定问题以及丰富主题（Teijlingen and Hundley，2001）。

另外，试访谈让笔者对田野场有了初始全景式的了解，并建立了笔者与受访对象之间的联系。在花镇和西部工业园案例的试调查中，笔者得以有机会沉浸在田野场城乡移民日常生活中，比如快递员的工作场所、花镇制鞋小作坊的工作日常、移民城中村生活日常、西部工业园流水线生产车间工人们工作场景与休闲生活等。这些工作所构建的信任有效降低了"社会期望回应"（socially desirable answers）的风险（Brink，1989；Patton，1990；Barriball and While，1994）。

数据拓展阶段

在试访谈阶段建立的基本理论抽样框架基础上，笔者逐步拓展了受访者的数量，最终深度跟踪访谈的样本规模为 50 人，且在主要的田野调查结束以后，笔者依旧与移民、一线社工、政府工作人员保持联系。在数据采集拓展阶段，本研究主要采用了滚雪球抽样（snowball sampling）方法，主要得益于笔者在试访谈阶段已经锁定了一些"拥有丰富信息源的关键人"（Patton，1990：182）。具体数据采集过程如下。

（1）花镇

试访谈以后，笔者确定了第一个关键联系人杨姐（受访者 JHM05），一名普通的居民小区快递收发站的工作人员。其一家人居住在锦城郊外的城中村类型移民社区花镇。笔者通过与她建立联系获得了发展"花镇"这一田野场的机会。在数据采集的拓展阶段，笔者将样本扩大到移民、房东、基层政府工作人员、城中村小作坊老板等。这一切数据样本的拓展都是根据调研过程深入而自然发展的。譬如，笔者在与城乡移民和房东的访谈中得知，花镇社区居民委员会是他们接触最多的基层组织，随迁儿童入学、申请居（暂）住证等移民权益的实践都需要经由这一组织。这些信息促使笔者进一步接触社区居委会工作人员。此外，除了迭代且深度的访谈数据，移民社区里与移民日常生活息息相关的场所也贡献了重要数据。比如，笔者渐渐熟悉花镇里错综复杂的小巷，走访了隐秘在城中村出租房里的制鞋作坊、杂货店、麻将馆和理发店等场所，且跟随受访者杨姐一起骑电瓶车接送过她儿子上学。以上经历都成为本研究重要数据，成为笔者了解花镇移民空间下移民日常生活中的实际获得的权益实践的基础条件。在有关花镇案例的实证章节中，笔者会提及环境污染整治下遣散制鞋工人的情况，而花镇所属的基层政府与社区委员会承担了劳动仲裁以及工人再就业扶持项目。调研期间，笔者会观摩由他们牵头组织的招聘会，活动地点通常在花镇的传统农贸市集里——这些第一手数据都让笔者对花镇空间、目标群体、不同行动者之间的互动关系网络有更清晰的了解。

（2）西部工业园

在试访谈阶段，笔者获得去西部工业园社会组织"S"做志愿者的机会，这成为发展另一田野场的重要节点。在数据采集的拓展阶段，笔者可以定期参与机构"S"的工作例会，了解他们在西部工业园项目的运作情况。这是一个工人宿舍社区，集中了大量的城乡移民工人。每个月社区都会举行主题青年工人活动，笔者和其他同事都参与到大多数活动的筹备和执行中。社会组织"S"是一家民政局注册的 5A 级社会组织，通过政府公共服务采购的"项目制"的方式进入了西部工业园，提供社区营造与青年工人发展等相关服务。这种政社契约合作关系得许多活动的执行都需要得到甲方（街道办事处）的监管，这些行政流程也使得笔者获取到接触基层政府工作人员的机会。与此同时，由于很多活动的执行需要青年工人朋友的参与，笔者社会组织志愿者的角色也使得笔者接触到各个企业的管理人员。以上经历为笔者了解移民工人社区内各机构（主体）互动关系、移民工人在日常生活中权益实践真实情况提供了渠道。除此之外，社会组织志愿者的角色也让笔者经常参与到移民工人的日常生活中，比如笔者会跟工友们一样在工人食堂或街头小吃摊位用餐，以及与移民工人日常生活紧密相关的人进行非正式访谈，比如街头小吃的摊贩、工人宿舍的保安、工人食堂的工作人员等。通过不同角色访谈者的叙事，笔者可以获得更加完整和全面的西部工业园日常生活图景。

（3）新城

与在西部工业园采取的路径相似，笔者通过关键联系人（社会组织"Y"的社工）奠定了发展"新城"案例的基础。值得注意的是，与前两个案例的移民不同，新城移民几乎都有租赁或自购房，也映射出这一群体较好的经济条件。由于新城移民工作类型多在办公楼里，环境相对封闭，对其展开反复且深入的访谈具有挑战性。基于此情况，笔者积极参加了以青年工作为主营业务的社会组织"Y"的各类活动，并与新城移民受访者建立了一些联系，从而使研究计划付诸实践（编码为受访者 WHM18 至 WHM24）。另外，试访谈阶段联系的政府官员与学者也在数据采集拓展阶段起了关键作用。通过他们的关系网络，笔者才得以深入新城移民聚集的商品楼小区的居民委员会、移民自组织、新兴产业孵化园等。此外，在新城案例中，笔者还访谈了创新创业型公司的经理人，得以获取在企业管理人视角下的有关移民权益实践的见解。通过以上途径，本研究可以从多视角去了解这一"移民精英"聚集的田野场。

同样，除了反复深度访谈，笔者也注重对新城移民在该田野场内日常生活的观察。譬如，访谈地点通常会发生在受访者熟悉的工作场所、邻近咖啡馆、公园、购物中心、员工餐厅和社会组织活动场地等地点，这不仅让受访者感到轻松自然，同时也让笔者有机会参与到移民日常生活中。

数据类型

通过长达 12 个月左右的实地田野调查，所有实证数据逐渐构成了三个田野场：花镇、西部工业园，以及新城。最终进入分析阶段的数据类型比较多元，包括以下几个方面。

（1）田野调查日记和备忘录（fieldwork journals and memos）

在田野调查期间，笔者记录了所有访谈、（非）参与式观察和文献读后感备忘录。笔者坚持写田野调查日记，这成为启发研究反思性（self-reflexivities）的有效途径（Yin，2011；Ezzy，2013）。方法学家们对某些情况下的质性数据的微观分析技术（microanalysis）持有质疑，例如逐行或逐字分析数据（Strauss，Corbin，1998：58 – 60），可能将数据分成单个单词，导致分析在数据的细节中丢失。相反，对田野调查日记和备忘录进行编码是一种有效的分析方法，这样就使得研究者所面临的数据简洁且信息丰富，在早期阶段的数据分析中起到了关键作用。

（2）音频记录转录（audio recording transcripitons）

在恪守学术伦理条件下，本研究还在获得访谈对象许可的前提下，记录了一部分访谈录音，这部分数据最终被笔者转录为 20 万字的文本资料。这些数据不仅成为后续编码的原始数据，同时为迭代数据分析提供了研究所需的关键信息，包括情境、事件、活动、功能、互动，以及后果（Douglas，2003）。

（3）地方志和口述历史（local chronicles and oral histories）

为了解三个移民空间的历史为空间研究提供更丰富的数据信息，笔者还查阅了地方志。此外，每个案例都有一些关键受访者对当地发展历史非常了解。比如，花镇负责环境污染整治工作的政府工作人员是土生土长的当地人，对目标区域的发展历史如数家珍，因此提供了很多文字类资料以外的信息。此类生动且独特的口述史也成为研究的另一数据来源。

（4）田野调查照片（fieldwork photos）

在田野调查期间，笔者获许拍摄了三个田野场空间特征、移民生活日常、重要事件以及活动的照片，这些照片作为补充信息也提醒着笔者许多过程细节。一些图片还曾在伦敦国王大学的 Bush House 公开展览。

数据分析

如前所述，扎根理论的方法路径使得本研究数据分析部分是一个迭代的过程。有关数据分析的步骤与其相关细节将在本小节进行详细解释，内容包括分析软件、从初始编码到理论构建的过程、理论饱和及分析工作终止的讨论。

计算机软件：Nvivo 12 Pro

在数据分析初始阶段，跟随扎根理论方法学家 Bryant 的建议（Bryant，2017：178－180），笔者使用了便利贴来迅速分析出访谈阶段田野日记与备忘录等数据，让第一手资料迅速得以整理和编码。除此之外，大多数数据最终都录入质性数据软件 Nvivo 12.0 Pro 予以处理，包括编码、迭代地建立类别、提炼主题等。由于扎根理论是一个迭代过程性的数据采集和分析过程，Nvivo 的使用可使研究者能够迅速查找到原始数据、了解节点的构建与合并的历史记录，提高了分析效率。与此同时，笔者还用 Nvivo 整理分析研究相关的文献与图片，确保数据的多元性，以及建构主题的严谨性。

数据分析过程

根据扎根理论的方法特征，本研究的数据分析是受数据驱动（data driven），即伴随着数据收集工作的开展而进行。以下是本研究在数据分析阶段所采取的步骤。

（1）试访谈阶段

如前所述，笔者在试访谈阶段与来自不同群体的 10 名受访者建立了联系，并通过迅速处理田野调查日记以及备忘录信息开展了第一轮数据分析。依照此逻辑，该阶段数据资料产生了 30 个开放编码（open coding），随后笔者将相似主题的代码分类，于是建立起 6 个类别（categories）：田野场特征、其他行动者特征、移民个人基本信息、移民的权益、移民城市社交网络、移民在城市的日常生活。具体信息请参下表附 1 - 2。

表附 1 - 2　开放编码以及试访谈阶段的类别建构

开放编码	类别
Research sites' environment 田野场环境	田野场特征
Green eviction 绿色驱逐	
Landlords' lives 房东的生活	其他行动者特征
Landlords' jobs 房东的工作	
Social workers' jobs 社会工作者的工作	
Characteristics of migrants at the sites 移民禀赋	移民个人基本信息
Income 收入	
Gender role 性别角色	
Migrants' connections with the hometowns 移民与老家的联系	
Child care 儿童照料	移民的权益
Children education 儿童教育	
Hukou and relevant policies 户口及移民相关政策	
Social insurance 社保	
Coworker relationships 与同事之间的关系	移民城市社交网络
Migrant experiences 移民经历	
Migrants' networks in cities 移民城市联系网络	
Migrants' social lives in cities 移民城市社交生活	
Neighbourhood relationships 城市邻里关系	
Treatment of migrants by the governments 政府对移民的态度或行动	移民在城市的日常生活
Treatment of migrants by landlords 房东对移民的态度或行动	
Hardship in rural-origin sojourn 城乡迁徙的艰辛	

开放编码	类别
Hardship in the workplace 工作场所的艰辛	移民在城市的日常生活
Insecure job 不稳定的工作	
Migrant experiences 移民经历	
Migrant turnover rate at the sites 移民流动率	
The stigma of rural-origin migrants 城乡移民的污名化	
Living costs at the sites 生活开销	
Tension in parent-child relationships 亲子关系的紧张	
Work routine 工作日程	
Work stress 工作压力	
总计：30个开放编码	

　　试访谈的数据分析阶段性结果表明，三个田野场无论是空间环境、移民禀赋，还是不同主体之间的互动关系都存在明显差异性，这些初步观察也激发着笔者进一步拓展研究的理论样本。例如，试访谈的数据与相关分析产生了许多衍生问题：不同的行动者如何对待不同的移民？各个群体之间的权力动态关系是怎样的？三个田野场的移民具体有什么差异？所有这些衍生问题都与前面列举的核心研究问题紧密相关，说明这一阶段的数据收集与分析工作都一直在正确方向上，有充分条件引导笔者进一步扩大数据收集。同时，研究从无意识开展不同田野场的数据收集，逐步显现出合理的基于三个不同移民空间的比较视角，这对后续数据收集、分析、理论建构都起到了指导作用。

　　（2）数据拓展阶段的分析

　　试访谈阶段的数据分析结果建议了涵盖基础设施、权益内容、移民禀赋、群体间关系等均存在差异性的移民空间比较视角，以丰富的数据增加了笔者的理论敏感性，并指引着后续数据采集与分析工作。在新一轮数据收集期间，笔者不仅对既有访谈进行反复和深入的访谈，同时也拓展了更广泛的样本量，且用于分析的数据类型不限于田野日记和备忘录，还包括了访谈录音转录文本、相关文献，以及照片。最终，这一阶段所有原始数据生成了 60 个开放编码，且一共分为 7 个类别：移民个人信息、空间的差异性、移民权益、移民城市社交网络、其他行动者的信息、移民的城市日常生活、各个群体之间的动态关系。具体信息请参见表附 1 – 3。

表附 1 – 3　数据采集拓展阶段的开放编码与类别建构

开放编码	类别
Characteristics of the migrant group 移民群体特征	移民个人信息
Living costs at the site 生活成本	
Reasons for being a migrant 成为移民的原因	
Migrants' generation gap 移民的代沟	
Migrants' education 移民教育	
Left-behind experiences 留守经历	
Income 收入	
Gender role 性别角色	
Environment of the research sites 田野场的环境	空间的差异性
City/region differences 区域差别	
Green eviction 绿色驱逐	
Differences between cities and hometowns 城市与老家之间的差异	

开放编码	类别
City drifter scheme "锦漂计划"	移民权益
Hukou and relevant policies 户口及移民相关政策	
Child care 儿童照料	
Children's education in cities 儿童在城市的教育	
Social insurance 社保	
Elderly care 老年照料	
Coworker relationships 同事关系	移民城市社交网络
Migrant networks in cities 移民在城市的联系网络	
Migrants' connections with the hometown 移民与老家的联系	
Migrants' social lives in cities 移民在城市的社交生活	
Neighbourhood relationship 邻里关系	
Party-building 党建	其他行动者的信息
Profile of the enterprises 企业背景	
Profile of the NGOs 社会组织背景	
Social workers' role 社工的角色	
Landlords' role 房东的角色	
Landlords' lives in Flower Town 花镇房东的生活	
Taxi dancers in Flower Town 花镇的陪舞小姐	
Hardship in the rural-origin sojourn 城乡迁徙的艰辛	移民的城市日常生活
Hardship in hometowns 农村生活的艰辛	
Hardship in the workplace 工作场所的艰辛	
Insecure job 不稳定工作	
Labour arbitration 劳动仲裁	
Migrants' job-hopping 移民跳槽	
Migrant empowerment project 移民赋能项目	
Self-established organisations 自组织	

开放编码	类别
Settlement plan 定居计划	移民的城市日常生活
Spiritual civilisation 精神文明	
Stigma of migrants 移民的污名化	
Suzhi "素质" 叙事	
Aspirations about the ideal city life 理想城市生活	
Sense of belonging in the cities 城市归属感	
Tension in the parent-child relationships 亲子关系的紧张	
Work routine 工作日程	
Working grievances 工作不满	
Working stress 工作压力	
Treatment of migrants-enterprises 企业对移民的态度或行动	各个群体之间的动态关系
Treatment of migrants-governments 政府对移民的态度或行动	
Treatment of migrants-landlords 房东对移民的态度或行动	
Dynamics among various group 不同群体之间的动态互动	
Interactions between migrants and the governments 移民与政府之间的互动	
Interactions between enterprises and governments 企业与政府之间的互动	
Interactions between migrants and the communities 移民与社区之间的互动	
Interactions between the governments and landlords 政府与房东之间的互动	
Interaction between the NGOs and the governments 社会组织与政府之间的互动	

开放编码	类别
Tension between the locals and migrants 本地人与移民之间的张力	
Tension between workers and the labour dispatching companies 工人与劳动派遣公司之间的张力	各个群体之间的动态关系
Floor representatives in the labour dorm communities 工人宿舍里的楼长	
总计：60 个开放编码	

（3）理论显现（emerging theories）

在数据采集进一步拓展阶段后，新建立的类别启发笔者发现本研究实证数据所显现的理论。比如，城乡移民在城市空间的权益是建构他们在城市空间"身份"的重要因素。其次，城乡移民在城市空间里的社交网络、与其他行动主体之间的互动关系、城市定居可能性都与他们城市权益实践紧密相关。在此，笔者也注意到城乡移民权益差异化在空间维度的呈现，进而努力探索两者之间的动态关系，并最终提出关于城乡移民差异化城市权益的"时间性"和"空间性"论点。这些都充分展现了本研究的数据驱使以及迭代分析的方法路径，随后将对研究理论的发现做详细阐述。

（4）分析的终点：理论样本和理论饱和

前面说到扎根理论是一个迭代反复数据采集与分析的过程，那么，什么时候才提示研究可以终止呢？扎根理论方法学家 Glaser 曾提到，"扎根理论方法路径的核心在于通过不断比较原始数据来提取出一些代码，然后这些代码来指导后续的数据收集。在此过程中，研究者将不断地对这些代码进行理论发展、建立类别、分析类别之间的关联，直至每个类别都实现饱和"（Glaser, 1992：102）。在分析质性过程中，理论样本（theoretical sampling）是扎根理论方法的重要环节，特指在研究过程之中，研究者会根据已有的数据和理论，有目的地选择新一轮数据采集，以更好丰富和发展理论。当类别被充分发展出来时，则实现理论饱和（theoretical saturation），研究者便可以终止继续采样与分析。遵循这一方法路径，笔者在研究执行过程中一直反复阅读和处理各项数据，直到即便是加入更多数据也并未出现新的代码，同时也建立不出新的类别，才确定研究已经实现理论饱和。

研究严谨性

有关研究严谨性问题的讨论对于定性研究来说必不可少。在现下有关执行研究方法文献中，严谨性主体通常被替换为其他概念来讨论，譬如"有效性"（Maxwell, 1992；Cresswell, 2007；Yin, 2011）、"真实性"以及"可信度"（Lincoln and Guba, 1985；Whittemore, Chase and Mandle, 2001）。许多方法学家将定性研究的严谨性问题与研究真实价值、适用性、异质性和中立性的原则联系起来（Lincoln and Guba, 1985），并提出更为具体的建议。例如，Maxwell 总结了"七项原则"：长期深入的田野参与、丰富的数据、受访者验证、寻找差异佐证和反例、三角验证、统计数据，以及比较（Maxwell, 2009：244 - 245）。此外，Creswell 也提出了类似的"验证策略"（Cresswell, 2007：207 - 209）。这些不同的解释都提出阐释严谨性是质性研究方法论的重要环节。因此，为了给读者提供更为完整的研究方法信息，笔者将在这里特别阐释本研究提高严谨性的策略以及路径。

过程精确性（Procedural precision）

学者们在阐释如何实现质性研究严谨性时，会尤为强调过程精确性的重要性，这通常涉及数据以及其他资料的管理以及展示研究过程的逻辑（Holloway，2005；Birks and Mills，2015）。在大多数情况下，过程的精确性与研究设计紧密相关，而关于研究的大部分细节已经在前文关于数据收集和分析部分作出详细解释，在此，笔者需要进一步补充关于研究过程管理的信息。

正如许多学者所提及的，长期参与田野调查是提高质性研究严谨性的重要指标之一，因为研究者可以与参与者建立信任、了解文化、检验数据的可信度（Lincoln and Guba，1985；Erlandson，Harris，et al.，1993；Cresswell，2007；Glesne，2016）。这些考虑均被纳入本书的研究设计中。首先，本研究的数据采集仅聚焦一个城市——"锦城"；其次，持续了非常长的田野调查——除了一整年比较深入密集的实地调查，后续还持续进行数字民族志等数据收集。长时间且深入的田野参与使得本研究建构理论、反复深入访谈参与者以及建立与参与主体之间信任的可行性有了保障。

此外，笔者也通过加强项目过程管理来提高本研究的严谨性。比如，在开始田野调查之前，笔者拟定了一份详细的田野调查计划，并且通过了所在院校的伦理委员会同意以及同行学者的评审探讨。这个过程中，笔者得到同行关于这份田野调查计划的反馈，并注意到原始拟定计划的局限性和短板。于是，笔者在正式进入田野之前获得了完善田野调查计划的机会，为后续实地调查的顺利开展提供了保障。此外，在锦城进行实地调查期间，笔者定期向所在院校提交田野调查工作进度报告，这个环节不只是一个"程式化"的要求，它更像是一道外部评审的把关，确保研究执行的严谨性，提高扎根理论方法应用的数据分析环节的信度（Lincoln and Guba，1985；Miles and Huberman，1994；Cresswell，2007）。

三角测量

三角测量（Triangulation）是提高质性研究严谨性的另一技术策略。自 Denzin 在 20 世纪 70 年代提出这个术语以来，三角测量已经成为质性研究中一个重要的方法论原则（Flick，2016）。最初，研究者将"三角测量"视为"面对同一现象时采用多种方法结合"的策略（Denzin，［1978］2017：291），并建议使用多重三角测量法来优化田野调查的有效性（Denzin，［1978］2017：304）。然而，这种解释引来了其他研究者的批判，比如，Silverman 认为从民族志的立场上看，这样的方法路径是行不通的，因为置于某一情境的社会现象并不是一个简单的、可以修正的问题，Denzin 关于"通过运用多种研究方法来获取一个现象的完整画面"的论述是行不通的（Silverman，1985：21）。Fielding 和 Fielding 认为，将三角测量理解为研究的一种校验形式的观点站不住脚。Denzin 上述言论只能使研究者获取一个"更为全面的画面，而非更客观的画面"，也就是说三角测量可以增加研究的范围和深度，但不能完全等同于准确性（Fielding and Fielding，1986：33）。

以上争论造就了本研究对三角测量的理解与应用。本文中采用的所有与三角测量有关的提高研究严谨性的方法旨在

"对所研究的内容有更广泛、更深入、更全面的理解，这通常也包括了研究结果中的差异和矛盾"，而不是机械地理解为"通过另一种方法得到的结果来证实从一种方法得到的结果"（Flick，2016：784）。受以上观点启发，笔者在本研究中采用以下几种方法。

首先，笔者归纳梳理了研究目标群体主要理论视角，以增加对研究对象的理论敏感性。本研究关注城乡移民青年的身份制度与日常生活中权益实践，于是，笔者回顾了中国户籍制度的变迁发展轨迹以及城乡移民研究的主要概念框架。其次，笔者也从不同主体的角度去观察分析身份制度在城乡移民青年日常生活中的实践。在数据收集过程中，笔者与移民青年、社会组织的社工、政府官员、城中村房东以及企业管理人员进行了反复且深入的访谈。此外，笔者还与其他群体进行了非正式的交谈，包括移民社区的保安、食堂工作人员、街边摊贩以及商店店主等。通过收集不同主体的数据，城乡移民青年在三个田野场的权益实践的生态相关信息就越发完整。三角测量在经过几十年的发展和积淀以后，不仅作为质性研究的一个准则或一套评估研究发现的方法（Lincoln and Guba，1985；Bryman，2017），而且越发成为一个能够帮助更好理解实证材料和恰当回应研究问题的实用策略（Flick，2008，2016）。因此，尽管本研究项目三角测量的措施并不完美，但确实在项目执行过程中提高了本研究的严谨性。

伦理考虑

由于这是一项涉及研究对象日常生活实践的研究，笔者将研究论题的承诺作为本书撰写的核心，并在项目执行的每一个环节都遵循研究伦理的基本原则：伤害最小化、尊重个人自主权、保护隐私（Traianou，2014）。在此，笔者将详细阐述研究过程中的伦理考虑，尤其是解释采用过哪些具体措施来应对潜在的伦理困境，供学友们参考。

田野调查之前

在田野调查之前，笔者就参加了关于田野调查以及研究伦理相关的培训课程。在英国的高校中，有一门数据保护和信息安全是所有研究型学位攻读学生、研究人员、科研机构行政工作人员被强制要求参加的课程。通过这一门课程，笔者了解到了社会科学研究中，尤其是以人为研究对象的研究，伦理规范和数据信息安全的基本知识。此外，该项目也经过了所在院校研究伦理委员会的审查，这些正式程序都让笔者再次加强对研究伦理道德的重视。

田野调查期间

在进入田野场时，笔者对所有访谈对象都详细解释了访谈背景与目的，并提供了《研究参与者同意书》与《研究课题信息表》，以此确保所有参与人对该项目有充分的了解。通过这样的方式，参与者对研究者的背景、研究项目、研究者对于数据保密的方式承诺以及项目成果的规划有详细的了解，这一过程同时也有助于建立研究者与参与者之间的信任。此外，在数据采集阶段，笔者也采取诸多措施保障受访者的自主权与隐私权。比如，为了避免受访者给予"社会期望答案"（socially desirable answers）（Brink，1989；Patton，1990；Barriball and

While，1994）以及避免本研究受访者受到第三方的注意，每次深度访谈均采用"一对一"方式进行，没有其他人在场。在西部工业园的访谈相对特殊，因为笔者以社会组织志愿者的身份进入田野，很多接触受访者的机会都是社区活动进行期间，所以移民、政府工作人员、企业管理人员、社会组织社工等多个主体会一同出现。尽管如此，笔者都会尽可能找各种机会进行"一对一"访谈，以减少外部干扰。即便是进行群访，也会首先征得各方同意，在受访者感觉到自在的前提下进行。

在此，笔者在田野调查过程中还面临关于研究者"身份"相关的伦理挑战。本研究访谈样本的扩展除了源自"附近"生活场域，也有一部分是通过关键受访者介绍而建立联系。对于由推荐人介绍拓展的样本，笔者在田野调查计划的执行过程中面临两种截然不同的反馈，尤其是面对政府官员的受访者。一种情况是即便笔者出示了介绍函，一部分政府官员受访者依旧不愿意在没有可靠联系的情况下谈论他们的工作内容，于是拒绝开展访谈。另一种情况是他们将笔者视为熟悉体制内工作内容的"自己人"，能够更自在地表达自己的观点。无论哪种反馈，研究者都应该予以充分的理解与尊重，对在田野调查中潜在受访者的自主权与隐私平等地予以伦理上的考虑。

此外，在质性研究中，研究者面临的是鲜活的人，受访者与研究者分享的也是鲜活的日常生活以及自己的观点，田野调查的顺利与否全依赖研究者与受访者之间的紧密联系。在本书的田野调查过程中，笔者也会面临受访者因分享自己生活故事时情绪激动的情况。每当此种情况出现，笔者也会意识到这样的分享有可能会让受访者经历身体或心理上的潜在伤害，于是会立即停止访谈，询问他们是否需要帮助。田野调查过程中，数据采集必须让步于受访者的身心健康。

数据处理

本研究所有数据在分析过程中都进行了匿名化处理，包括访谈者、组织与地点的名称。同时，实证章节也并没有披露任何田野场的地图。笔者认为，本研究中，暴露田野场的位点对数据分析没有任何帮助，同时还有可能将受访者暴露的风险。此外，笔者对本研究收集的所有资料都进行了加密处理，包括田野调查日记、访谈的录音和转录文档、照片以及 Nvivo 数据文档。另外，笔者也承诺所有数据仅作研究所用，任何形式的成果转换都将遵循研究伦理。

附录2 研究访谈提纲

1. 个人信息，例如年龄、婚姻状况、职业、收入等

2. 与老家的联系

• 老家的亲缘关系以及其他地缘关系（比如老乡）

• 老家务农经历

3. 移民经历

• 外出工作的主要原因

• 关于你在城市的第一份工作的故事

• 你在找第一份工作时最关键的因素是什么？此外，你现在改变想法了吗？为什么？

4. 城市的日常生活

• 城市中的亲缘关系以及其他社会关系

• 工作场所的日常生活

• 移民社区的日常生活

• 个人在城市空间公共产品与社会权益实践经验

• 休闲时间的各类活动

5. 在城市空间中主动参与、融入的各类行动

• 您能告诉我您参加所在社区、老乡会、社会组织或其他组织活动的任何经历吗？

• 在城市中的自我认同（例如，您是否同意您与城市居

民没有区别？为什么？）您能谈谈您对未来在城市生活的一些展望吗？

- 您会在这座城市定居吗？为什么？
- 您能谈谈城乡移民对城市作出的贡献以及是如何实现这些贡献的吗？

附录 3　研究参与者同意书（英文版）

Consent Form for Participants

CONSENT FORM FOR PARTICIPANTS IN RESEARCH STUDIES

Please complete this form after you have read the Information Sheet and/or listened to an explanation about the research.

Title of Study：Differentiated citizenship of rural-origin migrant workers in China

Ethics Committee Ref：LRS – 18 – 5099

Thank you for considering taking part in this research. The person organising the research must explain the project to you before you agree to take part. If you have any questions arising from the Information Sheet or explanation already given to you, please ask the researcher before you decide whether to join in. You will be given a copy of this Consent Form to keep and refer to at any time.

I confirm that I understand that by ticking/initialling each box

I am consenting to this element of the study. I understand that it will be assumed that unticked/initialled boxes mean that I DO NOT consent to that part of the study.（Please tick or initial）

1. ＊I confirm that I have read and understood the information sheet dated4 Sep 2018（version number 04/09/18）for the above study. I have had the opportunity to consider the information and asked questions which have been answered satisfactorily. □

2. ＊I understand that I will be able to withdraw my data up to January 2020. □

3. ＊I consent to the processing of my personal information for the purposes explained to me. I understand that such information will be handled in accordance with the terms of the UK Data Protection Act 1998. □

4. ＊I understand that my information may be subject to review by responsible individuals from the College for monitoring and audit purposes. □

5. I understand that confidentiality and anonymity will be maintained and it will not be possible to identify me in any publications. □

6. I agree that the research team may use my data for future research and understand that any such use of identifiable data would be reviewed and approved by a research ethics

committee (In such cases, as with this project, data would/ would not be identifiable in any report). ☐

7. I understand that the information I have submitted will be published as a report and I wish to receive a copy of it. ☐

8. I consent to my interview being audio recorded. ☐

9. I understand that I must not take part if I fall under the exclusion criteria as detailed in the information sheet and explained to me by the researcher. ☐

_____   _____   _____

Name of Participant   Date   Signature

_____   _____   _____

Name of Researcher   Date   Signature

附录4　研究参与者同意书（中文版）

- 请在您阅读或听完以下有关研究解释的信息单以后填写此表格。
- 研究标题：中国城乡移民差异性身份权益与日常生活实践
- 伦理委员会编号：LRS – 18 – 5099

感谢您有兴趣参与本研究。该研究的工作人员必须在您同意参与之前向您解释该研究项目。如果您对这份表单或对工作人员提供的解释有任何疑问，请您在决定是否参与之前向研究人员提出。您将获得一份该同意书的副本，以便您保留和随时参阅。

我确认知悉通过勾选或标记选择框表示我同意研究的这项表述。同时，我也知悉不勾选或不标记选择框将被理解为我不同意研究的这项表述。

1. ＊我确认我已阅读并了解该研究截止日期为 XXXX 年 X 月 X 日（版本号XXXX）的研究信息表。我被赋予机会考虑这些信息并提出问题，我所提出的问题已经得到令我满意的

答复。　　　　　　　　　　　　　　　　　　□

2. *我理解我可以在 XXX 年 X 月之前可以退出此研究并撤回我给予的所有数据。　　　　　　　　　　　□

3. *我同意该课题以向我所解释的研究目的来处理我给予的所有数据。我知悉这些信息将严格遵守《1998 年英国数据保护法》的相关规定进行处理。　　　　　　　　□

4. *我知悉我的个人信息可能会在学院相关责任人对研究伦理的监管和审查过程中被阅读。　　　　　　　□

5. 我知悉个人信息的机密性和匿名性将得到课题组的维护，我将不可能在任何形式的出版物中被识别。　□

6. 我同意研究团队可能会将我所提供的数据用于未来的研究，并知悉任何这类可识别数据的使用都将经过研究伦理委员会审查和批准。（在这种情况下，数据将和本项目一样不会在任何报告中可识别）　　　　　　　　　　　□

7. 我知悉我所提供的信息会发布为一份报告，我希望收到其副本。　　　　　　　　　　　　　　　　□

8. 我同意我的访谈被录音。　　　　　　　　　□

9. 如果我符合研究信息单中详细列出且研究人员向我解释过研究群体排除标准，我将不能参与研究。　　□

参与者：_____　日期：_____　签名：_____

研究者：_____　日期：_____　签名：_____

附录 5 研究课题信息表（英文版）

Information Sheet for Participants

INFORMATION SHEET FOR PARTICIPANTS

REC Reference Number: **LRS – 18 – 5099**

YOU WILL BE GIVEN A COPY OF THIS INFORMATION SHEET

Differentiated citizenship of rural-origin migrant workers in China

Invitation Paragraph

I would like to invite you to participate in this research project which forms part of my PhD research. My research set out to explore thedifferentiated citizenship of migrant workers, and our interviews will mainly focus on your everyday experiences in megacities. The principles of my data collection will be as follows: 1) You should only participate if you want to; 2) choosing not to take part will not disadvantage you in any way; 3) our interviews could be carried out multiple times, but you could withdraw it at any time without giving any reason; 4) before you decide whether you want to take part, it is important for you to understand why the research is being done and what your participation will involve. Please take time to read the following information carefully and feel free to discuss it with others. Also, please do ask me if you have any further questions.

What is the purpose of the study?

Instead of studying migrant workers as passive groups, the aim of this research is to explore the issue of citizenship by considering them as active subjects. The contents of our interviews will cover topics including your daily working or living experiences in cities, and if possible, I will be specifically interested in any interactions between participants and other actors such as neighbourhood, communities, governments, enterprises and NGOs. Our interviews will provide panoramic views of migrants daily life in cities, but this research will never refer to any individual privacy which may situate my participants in any vulnerable conditions, for instance, medical history, illegal or harmful activity, or any other information my interviewees do not like to disclose.

Why have I been invited to take part?

I am inviting migrant workers who have living experiences in both rural and urban areas to take part in this research.

Do I have to take part?

Participation is voluntary. You do not have to take part. You should read carefully this information sheet before you accept to be interviewed, and please feel free to ask me if you have any further questions.

What will happen to me if I take part?

If you decide to take part, you will be given this information sheet to keep and will be asked to sign a consent form. I will then discuss the interview procedure with you and arrange to interview you in a private place (for confidentiality reasons) on the premises where you work (or at a suitable venue on a local public site if you prefer).

Once you consent to be my interviewee, I will probably interview you for multiple times to understand the everyday experiences of migrant workers in the target city, and thereinto every interview will last approximately 1 hour, which could be very flexible (shorter/longer) in order to meet your needs. Remarkably, interviewees willingness to participate will be respected thoroughly in every procedure, which means even if you have decided to take part, you are still free to stop your participation at any time during the interview. And also, if you are not convenient but willing to be interviewed later, I could carry out our interview another day. The interview will be audio recorded, which should be subject to your permission. All recordings of data on audio-equipment will be deleted after transcription. Also, you could ask for withdrawing your data without giving any reason up to two weeks after the end of the interview.

What are the possible benefits and risks of taking part?

This research aims to critically understand and analyse rural-origin migrants citizenship practised in their daily city lives, and its original contribution is to appreciate citizenship and related institutions of rural-origin migrant workers in China beyond the perspectives of *Hukou* (Household Registration System). In terms of the possible benefits of participants, firstly, I will provide you with a summary of a final report describing the main findings. Secondly, since my institute (Sichuan Academy of Social Sciences) has a long-term co-operative relationships with some migrant-related organisations, including labour NGO and GONGO, I could introduce you to join their activities or projects if you are interested. The main disadvantage of taking part in this study is that you will be donating your time.

There are no foreseeable risks in participating in this research. However, if any topic makes you upset or distressed, the interviewer will stop our interviews immediately. Also, as has been claimed in the last section, you could stop the interview at any time if it made you upset or distressed, and also you could withdraw your data without giving any reason until two weeks after completing the interview.

Will my taking part be kept confidential?

All contents of our interviews are regarded as strictly confidential and will be held securely until the research is finished. All data for analysis will be anonymised. In reporting on the research findings, I will not reveal the names of any participants or the organisation where you work. There will be no possibility of you as individual being linked with the data.

Besides, if you disclose anything to the interviewer about abuse, neglect or other sensitive but potentially harmful to your physical or mental health, I will discuss it carefully with you and then consider reporting it to the appropriate body with your consent. For example, seek legal aid from the judicial department or assistance from proper professionals.

The UK Data Protection Act 1998 will apply to every single phase of data collection and analysis in this research. No data will be accessed by anyone other than me; and anonymity of the material will be protected by using pseudonyms (add annotation box to emphasise different ways to anonymise); additionally, no data will be able to be linked back to any individual taking part in the interview.

How is the project being funded?

This project is being funded by the researcher. The study has been approved by the Kings College London Research EthicsCommittee.

What will happen to the results of the study?

I will produce a final report summarising the main findings, which will be sent to you. I also plan to disseminate the research findings through publication and conferences.

Who should I contact for further information?

If you have any questions or require more information about this study, please contact me using the following contact details：

（＊此处附研究者联系信息）

What if something goes wrong?

If this study harms you in any way or if you wish to make a complaint about the conduct of the study you can contact Kings College London using the details below for further advice and information：

（＊此处附相关部门联系信息）

Many thanks for reading this information sheet and for considering taking part in this research.

附录6　研究课题信息表（中文版）

- **研究标题：中国城乡移民差异性身份权益与日常生活实践**
- **伦理委员会编号：LRS – 18 – 5099**

➤ 邀请信

我想邀请您参加这项研究项目，该研究旨在探讨外来务工人员的差异性身份权益，这项访谈将关注您在城市中的日常生活实践。我的数据收集原则如下：1）您的受访前提是您的意愿；2）选择不参加也是您的权利，并不会有任何形式的不利；3）我们的访谈有可能采取多次，但您可以随时保留撤出的权利并可以不予以任何理由；4）在您决定是否要参加之前，您需要了解为什么进行这项研究以及您将涉及参与什么事项。因此，请您仔细阅读以下信息，并可以随时与人讨论。如果您有任何顾虑或者疑问，请随时询问。

➤ 这项研究的目的是什么？

本研究旨在探索城乡移民青年在城市生活空间日常生活中的身份权益实践。我们的访谈内容将涵盖您在城市中的日常工作和生活经验。我们将特别关注受访者与其他行动者（比如邻里、社区、企业、政府与社会组织）之间的互动。我们的访谈信息将提供受访者所在城市的全景式日常生活图景，但该研究将不会涉及以下任何有可能将受访者置于不利位置的个人隐私，比如医疗史、非法或者有害的活动、任何受访者不愿意披露的信息等。

> **为什么邀请我参加？**

我所邀请的参访人员主要是在农村与城市有共同生活经历的移民青年。

> **我必须参加吗？**

参与访谈完全出于自愿原则，并不是必须参加。在您接受访谈之前，请您务必仔细阅读这份信息表，并可以随时向我提问以了解更多信息。

> **如果我选择接受访谈，后续会发生什么？**

如果您决定参与访谈，您将收到这份信息表并要求签署《研究参与者同意书》。随后，我将与您介绍访谈程序，并在您感到自在的地点（工作场所、公共场所等）进行一对一访谈（出于保护个人隐私的考虑）。

您同意接受访谈后，为了更进一步了解目标城市城乡移民青年的日常生活，我可能会多次访谈您。每次访谈大约持续1小时，且访谈时间比较灵活（更短或者更长），主要以您日常行程为主。在每次访谈过程中，研究人员将充分尊重受访者的参与意愿，这意味着即使您已经决定参与，但仍然可以在任何时间随时停止或撤出参与。此外，如果您愿意参与但暂时不方便接受访谈，研究人员可以安排改期。所有访谈录音必须以您的允许为前提，且所有音频设备上的录音数据都将在转录后删除。同时，您可以要求在访谈结束两周内无条件要求撤回数据。

> ➤ **参与的可能好处和风险是什么？**

这项研究旨在理解和分析超大城市中城乡移民青年身份权益以及在日常生活中的实践，其原创贡献在于跨越身份权益制度（户籍制度）的理论框架转而从城乡移民青年的日常生活进行分析。就受访者可能获得的回馈而言，首先，我将为您提供一份研究报告的总结。其次，由于我所在的工作单位（四川省社会科学院）现在与城乡移民有关组织（包括社会组织与基层政府的项目）有长期合作关系，如果您对这些项目感兴趣，我将搭建联系，协助您接触到这些活动资源。当然，您将贡献出您宝贵的时间，对此，我表示诚挚的谢意。

参与这项研究将不会导致任何形式的风险，然而，如果您在访谈过程中经历任何令您不适、有压力的时刻，研究人员将立刻停止访谈。同时，您可以在任何时候无条件主动终止访谈，并在访谈结束两周以内无条件要求撤回与您相关的所有访谈数据。

> ➤ **我的参与会被保密吗？**

我们的访谈内容将被严格保密，并在研究完成前妥善保存。研究人员将对所有分析数据做匿名化处理。在最终的研究报告以及任何形式与之相关的出版物里，我不会透露任何有关受访者的真实姓名或工作机构；本研究也不会披露任何个人信息以及您与本研究数据的任何联系。此外，如果您向研究人员透露任何有关虐待、疏忽或其他对您身体或心理健康存在潜在危害的敏感信息，我将与您慎重讨论，并在您同意的前提下向相关部门报告，比如，从司法部门寻求法律援助或从专业人士们寻求帮助。

英国 1998 年的《数据保护法案》（UK Data Protection Act 1998）将适用于本研究数据收集与分析任何阶段。除了我以外，任何其他人将无法获取数据。同时，我将用化名以确保实证资料的匿名性，外界不会将本研究数据与任何参与人联系起来。

➢ 这个项目受任何机构资助吗？

这个研究项目属于研究者的个人研究，不受任何机构资助。该研究已获得伦敦国王学院研究伦理委员会的批准。

➢ 研究结果会怎样处理？

我将制作一份研究报告的总结文案，并将其发送给您。我还计划通过学术出版和会议发表传播这项课题的研究成果。

➢ 如果我想获取更多有关该项目的资讯，应该联系谁？

如果您对此研究有任何问题或需要更多信息，请使用以下联系方式与我联系。

（ * 此处附研究者联系信息）

➢ 如果我的参与出现任何后续问题怎么办？

如果这项研究以任何方式对您造成了伤害，或者如果您希望对这项研究的行为提出投诉，您可以使用以下详细信息联系伦敦国王学院以获取进一步的建议和信息。

（＊此处附相关部门联系信息）

非常感谢您阅读此信息表，并考虑参与此项研究。

参考文献

（一）中文文献

白志华，2023，《社会组织"悬浮"社区的治理进路：从脱嵌到嵌入》，《青海社会科学》第 1 期：111 – 122。

曹景椿，2001，《关于"蓝印户口"问题的思考》，《人口与经济》第 6 期：15 – 21。

陈映芳，2014，《权利功利主义逻辑下的身份制度之弊》，《人民论坛·学术前沿》第 2 期：62 – 72。

陈家建、张琼文、胡俞，2015，《项目制与政府间权责关系演变：机制及其影响》，《社会》第 5 期。

陈家建、边慧敏、邓湘树，2013，《科层结构与政策执行》，《社会学研究》第 6 期。

陈映芳、伊沙白，2019，《城市空间结构与社会融合》，《读书》第 2 期：20 – 31。

陈映芳，2018，《"市民化"与"国民化"：审视中国城市化困局》，《文化纵横》，第 2 期：40 – 47。

戴红宇，2022，《"市民化"进程中乡城迁移家庭的子女教育困境》，《当代教育科学》，第 3 期：58 – 65。

费孝通，2006，《乡土中国》，上海人民出版社。

郭琳琳、段钢，2014，《项目制：一种新的公共治理逻辑》，《学海》，第 5 期。

胡涤非，2006，《三方博弈下劳资关系发展的制度选择》，《社会科学家》第 3 期：49 – 52。

胡献忠，2011，《从个体化发展到组织化助推——共青团在新生代农民工社会融入中的作用》，《青年探索》，第 5 期。

黄晓春、嵇欣，2014，《非协同治理与策略性应对：社会组织自主性研究的一个理论框架》，《社会学研究》第 6 期：98 – 123。

纪江明、陈振营、赵毅，2013，《新生代农民工"二元化"消费方式与身份认同研究——基于 2010 年上海市外来农民工的调查》，《人口与发展》，第 2 期：2 – 9。

李丽梅、陈映芳、李思名，2015，《中国城市户口和居住证制度下的公民身份等级分层》，《南京社会科学》第 2 期：52。

李培林、田丰，2011，《中国新生代农民工：社会态度和行为选择》，《社会》第 3 期：1 – 23.

刘琳，2019，《影响流动人口定居意愿的居住因素分析：居住隔离抑或社区社会资本?》，《河海大学学报》（哲学社会科学版）第 1 期。

陆文荣、段瑶，2019，《居住的政治：农民工居住隔离的形成机制与社会后果》，《中国农业大学学报》（社会科学版）第 2 期：44 – 58。

陆益龙，2004，《超越户口：解读中国户籍制度》，中国社会科学出版社。

罗家德、孙瑜、谢朝霞、和珊珊，2013，《自组织运作过程中的能人现象》，《中国社会科学》第 10 期：86 – 101。

马福云，2011，《中国户籍制度改革的困境及其求解——以成都户籍制度改革为例》，《北京科技大学学报》（社会科学版）第 27 期：129 – 133。

秦代红，2010，《成都全域统一户籍：城乡居民自由迁徙》，《理论参考》第 12 期。

任焰、潘毅，2006，《宿舍劳动体制：劳动控制与抗争的另类空间》，《开放时代》第 3 期：124 – 134。

帅满，2019，《从人际信任到网络结构信任：社区公共性的生成过程研究——以水源社区为例》，《社会学评论》第 4 期：62 – 74。

沈原，2020，《劳工社会学三十年》，《社会学评论》第 8 期：3 – 17。

四川大学成都科学发展研究院，2016，《成都统筹城乡发展年度报告 2015（第 1 版）》，四川大学出版社。

陶振，2015，《基层治理中的条块冲突及其优化路径》，《理论月刊》第 1 期：100 – 106。

王欧，2022，《家庭化与新生代农民工生活方式转型》，《社会学研究》第 1 期。

吴介民，2011，《永远的异乡客？公民身份差序与中国农民工阶级》，《台湾社会学》第 21 期：51 – 99。

吴玉彬，2013，《消费视野下新生代农民工阶级意识个体化研究》，《青年研究》第 2 期。

熊凤水、戴琬莹，2020，《空间错位与重塑：新生代农民工市民转化的空间视角》，《当代青年研究》第 5 期：89 – 94。

严飞，2022，《以"附近"为方法：重识我们的世界》，《探索与争鸣》第 4 期。

杨可，2016，《劳工宿舍的另一种可能：作为现代文明教化空间的民国模范劳工宿舍》，《社会》第 2 期：58 - 76。

阎云翔，2021，《"为自己而活"抑或"自己的活法"——中国个体化命题本土化再思考》，《探索与争鸣》第 10 期。

曾湘泉、熊督闻、位晓琳，2021，《蓝领就业市场景气指数报告》，《中国经济报告》第 1 期：85 - 99。

翟学伟，2004，《中国社会中的日常权威》，社会科学文献出版社。

赵卫华、郝秋晨，2019，《住房消费、城市级别与农民工的市民身份认同》，《社会发展研究》第 4 期。

折晓叶、陈婴婴，2011，《项目制的分级运作机制和治理逻辑：对"项目进村"案例的社会学分析》，《中国社会科学》第 4 期：126 - 148。

周黎安，2014，《行政发包制》，《社会》第 6 期。

周振超，2019，《构建简约高效的基层管理体制：条块关系的视角》，《江苏社会科学》第 3 期：143 - 149。

周雪光，2015，《项目制：一个"控制权"理论视角》，《开放时代》第 2 期。

周永康、王荆川，2020，《大流动时代新生代农民工的个体化生命历程》，《江汉学术》第 6 期：16 - 26。

邹一南，2020a，《"体制内改革"还是"体制外发展"？——大城市户籍制度改革的路径选择》，《当代经济研究》第 293 期：74 - 82。

邹一南，2020b，《农民工市民化困境与新一轮户籍制度改革反思》，《江淮论坛》第 302 期：54 - 61。

（二）英文文献

Anagnost, A. (2004). The Corporeal Politics of Quality (Suzhi). *Public Culture.* 16, 189 – 208.

Appadurai, A. and Holston, J. (1996). Cities and Citizenship. *Public Culture.* 8, 187 – 204.

Audin, J. and Doyon, J. (2019). Intermediary Political Bodies of the Party-state: A Sociology of Mass and Grassroots Organisations in Contemporary China. *China Perspectives.* (2): 3 – 8.

Aycan, Z. and Berry, J. W. (1996). Impact of Employment-related Experiences on Immigrants' Psychological Well-being and Adaptation to Canada. *Canadian Journal of Behavioural Science/Revue canadienne des sciences du comportement*, 28 (3): 240.

Bailey, A. J., Wright, R. A., Mountz, A. and Miyares, I. M. (2002). (Re) Producing Salvadoran Transnational Geographies. *Annals of the American Association of Geographers.* 92, 125 – 144.

Barriball, K. L. and While, A. (1994). Collecting Data Using a Semi-structured Interview: A Discussion Paper. *Journal of Advanced Nursing-Institutional Subscription.* 19, 328 – 335.

Bauböck, R. (1994). *Transnational Citizenship: Membership and Rights in International Migration.* Edward Elgar Publishing.

Bernstein, T. P. (1977). *Up to the Mountains and Down to the Villages: The Transfer of Youth From Urban to Rural China.* Yale University Press.

Birks, M. and Mills, J. (2015). *Grounded Theory: A Practical Guide.*

Sage.

Blaikie, N. (2007). *Approaches to Social Enquiry: Advancing Knowledge.* Polity.

Blumer, H. (1954). What is Wrong With Social Theory? *American Sociology Review.* 19, 3 – 10.

Bourdieu, Pierre, and Jean-Claude, Passeron. (1990). *Reproduction in Education, Society and Culture,* Sage: London.

Bowen, G. A. (2006). Grounded Theory and Sensitizing Concepts. *International journal of qualitative methods.* 5: 12 – 23.

Brink, D. O. and Brink, D. O. (1989). *Moral Realism and the Foundations of Ethics.* Cambridge University Press.

Bryant, A. and Charmaz, K. (2007). *The Sage Handbook of Grounded Theory.* Sage.

Bryant, A. (2017). *Grounded Theory and Grounded Theorizing: Pragmatism in Research Practice.* Oxford University Press.

Bryman, A. (2017). Quantitative and Qualitative Research: Further Reflections on Their Integration, *Mixing methods: Qualitative and Quantitative Research,* pp. 57 – 78, Routledge.

Butcher, S. (2021). Differentiated Citizenship: The Everyday Politics of the Urban Poor in Kathmandu, Nepal. *International Journal of Urban and Regional Research,* 45, 948 – 963.

Butollo, F. and Ten, B. T. (2012). Challenging the Atomization of Discontent: Patterns of Migrant-worker Protest in China During the Series of Strikes in 2010. *Critical Asian Studies.* 44, 419 – 440.

Buttigieg, J. A. (1992). *Introduction to Prison Notebooks, by An-*

tonio Gramsci, *vol.* 1, Translation by Buttigieg JA and Callari A, Ed. Buttigieg JA. Columbia University Press: New York.

Buttigieg, J. A. (2011). The Prison Notebooks: Antonio Gramscis Work in Progress, *Rethinking Gramsci*. Routledge, 311 – 315.

Cai, F. (2010). Demographic Transition, Demographic Dividend, and Lewis Turning Point in China. *China Economic Journal*. 3, 107 – 119.

Cai, Y. (2002). The Resistance of Chinese Laid-off Workers in the Reform Period. *The China Quarterly*. 170, 327 – 344.

Carrillo, B. and Goodman, D. S. (2012). *China's Peasants and Workers: Changing Class Identities*. Edward Elgar Publishing.

Cartier, C. (2002). Transnational Urbanism in the Reform-era Chinese City: Landscapes from Shenzhen. *Urban Study*. 39, 1513 – 1532.

Castles, S. and Davidson, A. (2000). *Citizenship and Migration: Globalization and the Politics of Belonging*. Psychology Press.

Chakrabarty, D. (2000). Subaltern Studies and Postcolonial Historiography. *Nepantla: Views from South*. 1, 9 – 32.

Chamberlain-Salaun, J, Mills, J. and Usher, K. (2013). Linking Symbolic Interactionism and Grounded Theory Methods in a Research Design: From Corbin and Strauss assumptions to action. *Sage Open*. 3 (3): https://doi. org/10. 1177/21582440 13505757.

Chan, A. and Siu, K. (2012). Chinese Migrant Workers: Factors Constraining the Emergence of Class Consciousness. *Chinas Peasants and Workers: Changing class identities*, Edward Elgar Publishing.

Chan, A. (2011). Strikes in China's Export Industries in Comparative Perspective. *The China Journal*. 27 – 51.

Chan, C. K. and Hui, ES. (2017). Bringing Class Struggles Back: A Marxian Analysis of the State and Class Relations in China. *Globalizations*. 14, 232 – 244.

Chan, C. K. and Pun, N. (2009). The Making of a New Working Class? A Study of Collective Actions of Migrant Workers in South China. *The China Quarterly*. 287 – 303.

Chan, C. K. (2010). *The Challenge of Labour in China: Strikes and the Changing Labour Regime in Global Factories*. Routledge.

Chan, C. K. (2012). Class or Citizenship? Debating Workplace Conflict in China. *Journal of Contemporary Asia*. 42, 308 – 327.

Chan, J. (2013). Suicide Survivor: The Life of a Chinese Migrant Worker at Foxconn. *Asia-Pacific Journal*. 11, 1 – 22.

Chan, J. (2018). The Collective Resistance of Chinas Industrial Workers. *Global Perspectives on Workers and Labour Organizations*, pp. 107 – 125, Springer.

Chan, J. (2019). Challenges of Dispatch Work in China. *Asia Global Online*: https://www. asiaglobalonline. hku. hk/dispatch-work-china-labor/.

Chan, J. , Pun, N. and Selden, M. (2015). Interns or workers? Chinas student labor regime. Asian Studies. 1, 69 – 98.

Chan, J. and Selden, M. (2014). China's Rural Migrant Workers, the State, and Labor Politics. *Critical Asian Studies*. 46, 599 – 620.

Chan, J. and Selden, M. (2017). The Labour Politics of Chinas Rural Migrant Workers. *Globalizations*. 14, 259 – 271.

Chan, K. W. and Buckingham, W. (2008). Is China Abolishing the hukou System? *The China Quarterly*. 582 – 606.

Chan, K. W. and Zhang, L. (1999). The hukou System and Rural-urban Migration in China: Processes and Changes. *The China Quarterly*. 818 – 855.

Chan, K. W. (1994). *Cities With Invisible Walls: Reinterpreting Urbanization in Post-1949 China*. Oxford University Press.

Chan, K. W. (2009). The Chinese hukou System at 50. *Eurasian geography and economics*. 50, 197 – 221.

Chan, K. W. (2012). Migration and Development in China: Trends, Geography and Current Issues. *Migration and Development*. 1, 187 – 205.

Chang, L. T. (2009). *Factory Girls: From Village to City in a Changing China*. Random House.

Charmaz, K. and Smith, J. (2003). Grounded Theory. *Qualitative Psychology: A Practical Guide to Research Methods*. 2, 81 – 110.

Charmaz, K. (2000). Experiencing Chronic Illness. *Handbook of Social Studies in Health and Medicine*. 277 – 292.

Charmaz, K. (2006). *Constructing Grounded Theory: A Practical Guide Through Qualitative Analysis*. Sage.

Charmaz, K. (2014). *Constructing Grounded Theory*. Sage.

Chatterjee, P. (2012). After Subaltern Studies. *Economic and Political Weekly*. 44 – 49.

Chen, C. and Fan, C. C. (2016). China's Hukou Puzzle: Why Dont Rural Migrants Want Urban hukou? *China Review*. 16, 9 – 39.

Chen, F. (2003). Between the State and Labour: The Conflict of Chinese Trade Unions' Double Identity in Market Reform. *The China Quarterly*. 176: 1006 – 1028.

Chen, J., Kan, K. and Davis, D. S. (2021). Administrative Reclassification and Neighborhood Governance in Urbanizing China. *Cities*. 118, 103386. Link: https://doi. org/10. 1016/j. cities. 2021. 103386.

Chen, J. (2009). Coordinating Community Organizations in Urban China. *International Journal of Social Welfare*. 18, 385 – 394.

Cheng, T. and Selden, M. (1994). The Origins and Social Consequences of China's Hukou System. *The China Quarterly*. 139, 644 – 668.

Cheng, Z., Nielsen, I. and Smyth, R. (2014). Access to Social Insurance in Urban China: A Comparative Study of Rural-urban and Urban-urban Migrants in Beijing. *Habitat International*. 41, 243 – 252.

Chun, T. Y., Birks, M. and Francis, K. (2019). Grounded Theory Research: A Design Framework for Novice Researchers. *SAGE Open Medicine*. 7, 2050312118822927. Link: https://doi. org/ 10. 1177/2050312118822927.

Corbin, J. and Strauss, A. (2007). *Basics of Qualitative Research: Techniques and Procedures for Developing Grounded Theory* (3rd ed.). Thousand Oaks, Sage.

Corbin, J. and Strauss, A. (2007). Strategies for Qualitative Data

Analysis. Basics of Qualitative Research. Techniques and Proce-dures for Developing Grounded Theory (3rd ed). Thousand Oaks, Sage. Link: https://dx. doi. org/10. 4135/9781452230 153. n4.

Corbin, J. M. and Strauss, A. (1990). Grounded Theory Research: Procedures, Canons, and Evaluative Criteria. *Qualitative sociol-ogy.* 13, 3 – 21.

Cresswell, J. W. (2007). *Qualitative Inquiry and Research Design: Choosing Among Five Approaches* (2nd ed.). Thousand Oaks, Sage.

Davin, D. (1999). *Internal Migration in Contemporary China.* St. Martin Press.

Davis, D. S. (2000). *The Consumer Revolution in Urban China.* University of California Press.

De Carli, B. and Frediani, A. A. (2016). Insurgent Regeneration: Spatial Practices of Citizenship in the Rehabilitation of Inner-City São Paulo. *GeoHumanities.* 2, 331 – 353.

De Kock, L. (1992). An Interview with Gayatri Chakravorty Spivak. *A Review of International English literature.* 23. https://jan. ucc. nau. edu/sj6/Spivak% 20Interview% 20DeKock. pdf.

Denzin, N. K and Lincoln, Y. S. (2011). *The Sage Handbook of Qualitative Research.* Sage.

Denzin, N. K. (2017). *The Research Act: A Theoretical Introduc-tion to Sociological Methods.* Transaction publishers.

Dey, I. (1999). *Grounding Grounded Theory: Guidelines for Qual-itative Inquiry* (1st ed). Emerald Publishing.

Ding, Y. (2017). Eating the Rice Bowl of Youth: Xiaojie's Everyday Self-practices as Doing Citizenship from the Margins. *Citizenship Studies*. 21 (7): 842 – 859.

Dong, Y. and Goodburn, C. (2020). Residence Permits and Points Systems: New Forms of Educational and Social Stratification in Urban China. *Journal of Contemporary China*. 29, 647 – 666.

Doshi, S. (2013). The Politics of the Evicted: Redevelopment, Subjectivity, and Difference in Mumbai's Slum Frontier. *Antipode*. 45, 844 – 865.

Douglas, D. (2003). Grounded Theories of Management: A Methodological Review. *Management Research News*. 26, 44 – 52. Link: https://doi. org/10. 1108/01409170310783466.

Douglas, M. (2003). Qualitative Versus Quantitative Methodologies: And Never the Twain Shall Meet? *Journal of Transcultural Nursing*, 14, 2, 89 – 89. Doi: 10. 1177/1043659602250609.

Duara, P. (1995). *Rescuing History from the Nation: Questioning Narratives of Modern China*. University of Chicago Press.

Duhigg, C. and Barboza, D. (2012). In China, Human Costs are Built into an iPad. New York Times. 25.

Dutton, M. and Hindess, B. (2016). Governmentality Studies and China: Toward a "Chinese" Governmentality. *New Mentalities of Government in China* (Edited by David Bray and Elaine Jeffreys), Routledge.

Démurger, S. and Xu, H. (2011). Return Migrants: The Rise of New Entrepreneurs in Rural China. *World Dev*. 39, 1847 – 1861.

Edgell, S. (2006). *The Sociology of Work: Continuity and Change in Paid and Unpaid Work. London*; Thousand Oaks, CA: Sage.

Erlandson, D. A., Harris, E. L., Skipper, B. L. and Allen, S. D. (1993). *Doing Naturalistic Inquiry: A Guide to Methods*. Sage.

Ezzy, D. (2013). *Qualitative Analysis*. Routledge.

Faist, T. (2000). *The Volume and Dynamics of International Migration and Transnational Social Spaces*. Oxford University Press.

Fan, C. C. (2004). Out to the City and Back to the Village: The Experiences and Contributions of Rural Women Migrating from Sichuan and Anhui, *On the Move: Women and Rural-to-Urban Migration in Contemporary China* (Edited by Gaetano A and Jacka T). Columbia University Press: 177 – 206.

Fang, C. and Yang, D. U. (2011). Wage Increases, Wage Convergence, and the Lewis Turning Point in China. *China Economic Review*. 22, 601 – 610.

Fielding, N. G, Fielding, J. L. and Fielding, J. L. (1986). *Linking Data* (Vol. 4). CA: Sage. https://dx. doi. org/10. 4135/9781412984775.

Flick, U. (2008). *Managing Quality in Qualitative Research*. Sage.

Flick, U. (2016). Mixing Methods, Triangulation, and Integrated Research: Challenges for Qualitative Research in a World of Crisis. *Qualitative Inquiry and Global Crises*, Routledge: 132 – 152.

Fogel, J. A. and Zarrow, P. G. (1997). *Imagining the People: Chinese Intellectuals and the Concept of Citizenship* 1890 – 1920 (1st ed). Routledge. Link: https://doi. org/10. 4324/9781003

063551.

Fong, V. L. and Murphy, R. (2006). *Chinese Citizenship: Views from the Margins*. Routledge.

Foucault, M. (1984). Space, Knowledge and Power, *The Foucault Reader* (Edited by Paul Rabinow). Pantheon Books.

Frankland, J. and Bloor, M. (1999). Some issues arising in the systematic analysis of focus group materials. *Developing focus group research: Politics, theory and practice*. 144 – 155. Sage publications.

Friedman, S. L. (2004). Embodying Civility: Civilizing Processes and Symbolic Citizenship in Southeastern China. *The Journal of Asian Studies*. 63, 687 – 718.

Fullilove, M. T. (1996). Psychiatric Implications of Displacement: Contributions from the Psychology of Place. *American Journal of Psychiatry*, 153: 12.

Gallagher, M. E. (2004). "Time is Money, Efficiency is Life": The Transformation of Labor Relations in China. *Stud. Comp. Int. Dev.* 39, 11 – 44.

Gao, Q. and Rickne, J. (2017). Inequality in Social Insurance Participation and Generosity: Do Firm Characteristics Matter? *Social Policy & Administration*. 51, 755 – 775.

Ghertner, D. A. (2011). Green Evictions: Environmental Discourses of a "Slum-free" Delhi. *Global Political Ecology*. 15, 145 – 165.

Ghertner, D. A. (2014). India's Urban Revolution: Geographies of Displacement Beyond Gentrification. *Environ. Plann. A.* 46,

1554 – 1571.

Ghertner, D. A. (2015). *Rule by Aesthetics: World-class City Making in Delhi*. Oxford University Press.

Giele, J. Z. and Elder, G. H. (1998). *Methods of Life Course Research: Qualitative and Quantitative Approaches*. Sage Publications.

Glaser, B. and Strauss, A. (1967). Grounded theory: The Discovery of Grounded Theory. *The Journal of The British Sociological Association*. 12, 27 – 49.

Glaser, B. G. (1992). Glaser. *Basics of Grounded Theory Analysis*. Sociology Press.

Glaser, B. G. (1998). *Doing Grounded Theory: Issues and Discussions*. Sociology Press Mill Valley, CA.

Glesne, C. (2016). Becoming Qualitative Researchers: An Introduction. ERIC.

Goldman, M. and Perry, E. (2009). *Changing Meanings of Citizenship in Modern China*. Harvard University Press.

Goodburn, C. (2009). Learning from Migrant Education: A Case Study of the Schooling of Rural Migrant Children in Beijing. *International Journal of Educational Development*. 29, 495 – 504.

Goodman, D. S. (2013). Whats Wrong With Inequality: Power, Culture and Opportunity. *Unequal China: The Political Economy and Cultural Politics of Inequality*. 44, 200. Routledge.

Goodman, E. (2021). In the Roar of the Machines: Zheng Xiaoqiong's Poetry of Witness and Resistance. *Chinese Literature*

Today. 10, 77 – 87.

Gramsci, A. (1971). *Selections from the Prison Notebooks of Antonio Gramsci* (Edited and translated by Hoare and Smith). New York: International Publishers.

Gramsci, A. (1995). *Further Selections from the Prison Notebooks.* University of Minnesota Press.

Green, M. (2002). Gramsci Cannot Speak: Presentations and Interpretations of Gramsci's Concept of the Subaltern. *Rethinking Marxism.* 14, 1 – 24.

Guha, R. (1980). *Subaltern Studies: Writing on South Asian History and Society.* Oxford University Press.

Guo, Z. and Liang, T. (2017). Differentiating Citizenship in Urban China: a Case Study of Dongguan city. *Citizenship Studies.* 21, 773 – 791.

Halegua, A. (2008). Getting Paid: Processing the Labor Disputes of China's Migrant Workers. *Journal of International Law.* 26, 254.

Han, J. (2017). Education of Migrant Children in China. *A Multi-Country Study on the Education of Migrant Children.* 90 – 107. Cambridge University Press.

Hardy, M. and Bryman, A. (2022). Handbook of Data Analysis. Sage.

Harms, E. (2016). Urban Space and Exclusion in Asia. *Annual Review of Anthropology.* 45, 45 – 61.

Harvey, D. (1989a). *The Condition of Postmodernity an Enquiry into the Origins of Cultural Change.* Wiley-Blackwell.

Harvey, D. (1989b). From Managerialism to Entrepreneurialism: The Transformation in Urban Governance in Late Capitalism. *Geografiska Annaler: Series B, Human Geography.* 71, 3 – 17.

Harvey, D. (1990). Between Space and Time: Reflections on the Geographical Imagination1. *Annals of American Association of Geography.* 80, 418 – 434.

Harvey, D. (2005). *The New Imperialism.* Oxford University Press.

Harvey, D. (2008). The Right to the City. *The City Reader.* 6, 23 – 40.

Henwood, K. and Pidgeon, N. (2003). Grounded Theory in Psychological Research. *American Psychological Association.* https://doi. org/10. 1037/10595 – 008.

Holloway, I. (1997). *Basic Concepts for Qualitative Research.* Wiley-Blackwell.

Holston, J. (2009a). Dangerous Spaces of Citizenship: Gang talk, Rights Talk and Rule of Law in Brazil. *Planning theory.* 8, 12 – 31.

Holston, J. (2009b). Insurgent Citizenship in an era of Global Urban Peripheries. *City and Society.* 21, 245 – 267.

Holston, J. (2009c). *Insurgent Citizenship: Disjunctions of Democracy and Modernity in Brazil.* Princeton University Press.

Holston, J. (2011). Contesting Privilege with Right: the Transformation of Differentiated Citizenship in Brazil. *Citizenship Studies.* 15, 335 – 352.

Howell, J. (1994). Striking a New Balance: New Social Organisations in post-Mao China. *Capital and Class.* 18 (3): 89 – 111.

Hsu, C. (2006). Cadres, Getihu, and Good Business people: Making sense of entrepreneurs in early post-socialist China. *Urban Anthropology and Studies of Cultural Systems and World Economic Development.* 1 – 38.

Huang, P. C. (2017). Dispatch Work in China: A Study from Case Records (part II). *Modern China.* 43, 355 – 396.

Huang, Y. and Han, S. (2021). Explaining Social Insurance Participation: The Importance of the Social Construction of Target Groups in China. *Policy Studies.* 1 – 21.

Isin, E. F. (2002). *Being political: Genealogies of citizenship.* University of Minnesota Press.

Jacka, T. (2009). Cultivating Citizens: Suzhi (quality). Discourse in the PRC. *Asia Critique.* 17, 523 – 535.

Jakimów, M. J. (2015). *NGOs, Labour and Space: Migrant Workers and the Remaking of Citizenship in China (Thesis).* Manchester, UK: The University of Manchester. Link: https://www.escholar.manchester.ac.uk/jrul/item/pid = uk-ac-man-scw: 263648.

Jiang, L. (2006). Living Conditions of the Floating Population in Urban China. *Housing Studies.* 21, 719 – 744.

Katz, E. (1957). The Two-Step Flow of Communication: An Up-To-Date Report on an Hypothesis, *Public Opinion Quarterly.* 21 (1): 61 – 78. Doi: https://doi.org/10.1086/266687.

Keung Wong, D. F., Li, C. Y. and Song, H. X. (2007). Rural Migrant Workers in Urban China: Living a Marginalised Life. *International Journal of Social Welfare.* 16, 32 – 40.

Kibe, T. (2006). Differentiated Citizenship and Ethnocultural Groups: A Japanese Case. *Citizenship Studies*. 10, 413 – 430.

Kipnis, A. (2006). Suzhi: A Keyword Approach. *The China Quarterly*. 295 – 313.

Kipnis, A. (2007). Neoliberalism Reified: suzhi Discourse and Tropes of Neoliberalism in the People's Republic of China. *Journal of the Royal Anthropological Institute*. 13, 383 – 400.

Kipnis, A. (2011). *Governing Educational Desire*. University of Chicago Press.

Kleinman, A., Yan, Y., Jun, J., Lee, S. and Zhang, E. (2011). *Deep China: The Moral Life of the Person*. University of California Press.

Knight, J. and Song, L. (1999). The rural-urban divide: Economic disparities and interactions in China. OUP Catalogue.

Knight, J., Deng, Q. and Li, S. (2011). The Puzzle of Migrant Labour Shortage and Rural Labour Surplus in China. *China Economic Review*. 22, 585 – 600.

Kostka, G. and Hobbs, W. (2012). Local Energy Efficiency Policy Implementation in China: Bridging the Gap Between National Priorities and Local Interests. *The China Quarterly*, 211: 765 – 785.

Lai, F., Liu, C., Luo, R., Zhang, L., Ma, X., Bai, Y., Sharbono, B. and Rozelle, S. (2014). The Education of China's Migrant Children: The Missing Link in China's Education System. *International Journal of Educational Development*. 37, 68 – 77.

Lan, P. (2014). Segmented Incorporation: The Second Generation of Rural Migrants in Shanghai. *The China Quarterly*. 217, 243 – 265.

Lazar, S. (2008). *El Alto, Rebel city: Self and Citizenship in Andean Bolivia*. Duke University Press.

Leavy, P. (2014). *The Oxford Handbook of Qualitative Research*. Oxford University Press.

Lees, L. (2012). *The Geography of Gentrification: Thinking Through Comparative Urbanism*. Progress in Human Geography. 36, 155 – 171.

Lefebvre, H. and Nicholson-Smith, D. (1991). *The Production of Space*. Blackwell Publisers.

Lefebvre, H. (1996). *The Right to the City. Writings on Cities* (Translated by Kofman and Lebas). Blackwell Publishers. https://chisineu. files. wordpress. com/2012/09/lefebvre-henri-writings-on-cities. pdf.

Leung, P. N. and Pun, N. (2009). The Radicalisation of the New Chinese Working Class: a Case Study of Collective Action in the Gemstone Industry. *Third World Quarterly*. 30, 551 – 565.

Li, L. and Li, S. M. (2010). The Impact of Variations in Urban Registration within Cities. *One Country, Two Societies: Rural-urban Inequality in Contemporary China* (Edited by Whyte MK). Harvard Uniersity Press: 188 – 219.

Li, S. and Yi, Z. (2007). The Road to Homeownership under Market Transition: Beijing, 1980 – 2001. *Urban Affairs Review*. 42, 342 – 368.

Li, X. and Freeman, R. B. (2015). How Does China's New Labour Contract Law Affect Floating Workers? *British Journal of Industrial Relations*. 53, 711 – 735.

Liang, Z. and Chen, Y. P. (2010). The educational consequences of migration for children in China. *Investing in Human Capital for Economic Development in China*, World Scientific: 159 – 179. Doi: https://doi.org/10.1142/9789812814425_0009.

Lin, Q. (2009). *Civilising Citizens in Post-Mao China: Understanding the Rhetoric of suzhi* (Thesis). Australia: Griffith University. Doi: https://doi.org/10.25904/1912/690.

Lincoln, Y. S. and Guba, E. G. (1985). *Naturalistic Inquiry*. Sage.

Lister, R. (1998). Citizenship and Difference: Towards a Differentiated Universalism. *European Journal of Social Theory*. 1, 71 – 90.

Liu, Z., Wang, Y. and Tao, R. (2013). Social Capital and Migrant Housing Experiences in Urban China: A Structural Equation Modelling Analysis. *Housing Studies*. 28, 1155 – 1174.

Loyalka, M. (2012). *Eating Bitterness: Stories from the Front Lines of Chinas Great Urban Migration*. University of California Press.

Lu, Y. and Zhou, H. (2013). Academic Achievement and Loneliness of Migrant Children in China: School Segregation and Segmented Assimilation. *Comparative Education Review*. 57, 85 – 116.

Lyddon, D., Cao, X., Meng, Q. and Lu, J. (2015). A Strike of "Unorganised" Workers in a Chinese Car Factory: the Nanhai Honda events of 2010. *Industrial Relations Journal*. 46, 134 –

152.

Lüthje, B. and Butollo, F. (2017). Why the Foxconn Model Does Not Die: Production Networks and Labour Relations in the IT Industry in South China. *Globalizations*. 14, 216 – 231.

Marshall, T. H. (1963). *Sociology at the Crossroads and Other Essays*. Heinemann.

Martins, J. T. (2013). *Pathways to Trust and Adoption: A Grounded Theory of Academics' Perceptions of E-learning in Portugal* (Thesis). UK: University of Sheffield.

Massey, D. (1991). *A Global Sense of Place*. Link: http://aughty. org/pdf/global_sense_place. pdf.

Massey, D. (1994). 1994: *Space, Place and Gender*. Cambridge: Polity Press.

Mata-Codesal, D. , Peperkamp, E. and Tiesler, N. C. (2015). Migration, Migrants and Leisure: Meaningful Leisure? *Leisure Studies*, 34 (1).

Maxwell, J. (1992). Understanding and Validity in Qualitative Research. *Harvard Educational Review*. 62, 279 – 301.

Merriam, S. B. (1988). *Case Study Research in Education: A Qualitative Approach*. Jossey-Bass.

Mertha, A. C. (2005). China's "Soft" Centralisation: Shifting Tiao/kuai Authority Relations. *The China Quarterly*, 184: 791 – 810.

Meth, P. (2010). Unsettling Insurgency: Reflections on Women's Insurgent Practices in South Africa. *Planning Theory & Practice*. 11, 241 – 263.

Miles, M. B. and Huberman, A. M. (1994). *Qualitative Data A-*

nalysis: An Expanded Sourcebook. Sage.

Miraftab, F. (2009). Insurgent Planning: Situating Radical Planning in the Global South. *Planning theory.* 8, 32 – 50.

Mitchell, D. (2003). *The Right to the City: Social Justice and the Fight for Public Space.* Guilford Press.

Mouffe, C. (1992). *Feminism, Citizenship and Radical Democratic Politics. In: Social Postmodernism: Beyond Identity Politics* (Edited by Nicholson and Seidman). Cambridge University Press: 315 – 332.

Mouffe, C. (1993). Liberal Socialism and Pluralism: Which Citizenship? *Principled Positions.* 69 – 84.

Müller, A. (2016). Hukou and Health Insurance Coverage for Migrant Workers. *Journal of Current Chinese Affairs.* 45, 53 – 82.

Obrien, K. J. and Li, L. (2006). *Rightful Resistance in Rural China.* Cambridge University Press.

Ong, A. (1999). *Flexible Citizenship: The Cultural Logics of Transnationality.* Duke University Press.

Padgett, D. (2004). Mixed Methods, Serendipity, Concatenation. D. K. Padgett (Ed.), *The Qualitative Research Experience.* Wadsworth Publishers.

Parry, K. W. (1998). Grounded Theory and Social Process: A New Direction for Leadership Research. *The Leadership Quarterly.* 9, 85 – 105.

Patton, M. Q. (1990). *Qualitative Evaluation and Research Methods.* SAGE.

Patton, M. Q. (2002). Two decades of developments in qualitative inquiry: A personal, experiential perspective. *Qualitative Social Work.* 1, 261 – 283.

Pickard, A. J. (2013). *Research Methods in Information.* Facet publishing.

Prakash, G. (1994). Subaltern Studies as Postcolonial Criticism. *The American Historical Review.* 99, 1475 – 1490.

Pringle, T. (2011). Trade Unions in China: The Challenge of Labour Unrest. Taylor & Francis.

Pringle, T. (2013). Reflections on Labor in China: From a Moment to a Movement. *South Atlantic Quarterly.* 112, 191 – 202.

Pringle, T. (2017). A Class Against Capital: Class and Collective Bargaining in Guangdong. *Globalizations.* 14, 245 – 258.

Pun, N. and Chan, C. K. (2004). *The Subsumption of Class Discourse in China.* Pearl River.

Pun, N. and Chan, J. (2012). Global capital, The State, and Chinese Workers: The Foxconn Experience. *Modern China.* 38, 383 – 410.

Pun, N. and Chan, J. (2013). The Spatial Politics of Labor in China: Life, Labor, and a new Generation of Migrant Workers. *South Atlantic Quarterly.* 112, 179 – 190.

Pun, N. and Koo, A. (2015). A "World-class" (labor). campus: Foxconn and China's New Generation of Labor Migrants. positions: *East Asia Cultures Critique.* 23, 411 – 435.

Pun, N. and Smith, C. (2007). Putting Transnational Labour Process in its Place: the Dormitory Labour Regime in Post-socialist China. *Work, Employment and Society.* 21, 27 – 45.

Pun, N. , Shen, Y. , Guo, Y. , Lu, H. , Chan, J. and Selden, M. (2016). Apple, Foxconn, and Chinese Workers Struggles from a Global Labor Perspective. *Inter-Asia Cultural Studies.* 17, 166 – 185.

Pun, N. (2003). Subsumption or Consumption? The Phantom of Consumer Revolution in "Globalizing" China. *Cultural Anthropology.* 18, 469 – 492.

Pun, N. (2005). *Made in China: Women factory workers in a global workplace.* Duke University Press.

Qi, C. (2006). *Migrant's Housing in Transitional Urban China: The Case of Ningbo.* SPRING Centre.

Qu, J. D. (2012). Project System: A New System of State Governance. *Social Sciences in China*, (5).

Ralph, N. , Birks, M. and Chapman, Y. (2015). The Methodological Dynamism of Grounded Theory. *International Journal of Qualitative Methods.* 14. https://doi. org/10. 1177/1609406915 611576.

Read, B. (2012). Roots of the State: Neighborhood Organization and Social Networks in Beijing and Taipei. Stanford University Press.

Rickne, J. (2013). Labor Market Conditions and Social Insurance in China. *China Economic Review.* 27, 52 – 68.

Roberts, K. , Connelly, R. , Xie, Z. and Zheng, Z. (2004). Patterns of Temporary Labor Migration of Rural Women from Anhui and Sichuan. *The China Journal.* 52, 49 – 70.

Robinson, J. (2011). Cities in a World of Cities: The Comparative

Gesture. *International journal of urban and regional research.* 35, 1 – 23.

Rodon, J. and Pastor, J. A. (2007). Applying Grounded Theory to Study the Implementation of an Inter-organizational Information System. The Electronic Journal of Business Research Methods. 5, 71 – 82.

Rose, N. (1996). The Death of the Social? Re-figuring the Territory of Government. *International Journal of Human Resource Management.* 25, 327 – 356.

Roy, A. (2005). Urban Informality: Toward an Epistemology of Planning. *Journal of the American Planning Association.* 71, 147 – 158.

Roy, A. (2011). Postcolonial Urbanism: Speed, Hysteria, Mass dreams. *Worlding Cities: Asian Experiments and the Art of Being Global* (Edited by Roy A and Ong A). Blackwell Publishing: 307 – 335.

Sassen, S. (2002). Towards Post-national and Denationalized Citizenship. *Handbook of Citizenship Studies.* 277 – 292.

Sassen, S. (2006). The Repositioning of Citizenship and Alienage: Emergent Subjects and Spaces for Politics. *Migration, Citizenship, Ethnos* (Edited by Bodemann and Yurdakul), Springer: 13 – 33. DOI: 10. 1057/9781403984678_2.

Schmalz, S., Sommer, B. and Xu, H. (2017). The Yue Yuen strike: Industrial Transformation and Labour Unrest in the Pearl River Delta. *Globalizations.* 14, 285 – 297.

Schmidt-Kallert, E. and Franke, P. (2012). Living in two worlds:

Multi-locational Household Arrangements among Migrant Workers in China. *Journal of the Geographical Society of Berlin.* 143, 263 – 284.

Scott, J. C. (1990). *Domination and the Arts of Resistance: Hidden Transcripts.* Yale University Press.

Seibold, C. (2002). The Place of Theory and the Development of a Theoretical Framework in a Qualitative Study. *Qualitative Research Journal.* 2, 3 – 16.

Shi, S. (2012). Towards Inclusive Social Citizenship? Rethinking China's Social Security in the Trend Towards Urban-rural harmonisation. *Journal of Social Policy.* 41, 789 – 810.

Sigley, G. (2009). Suzhi: The Body, and the Fortunes of Technoscientific Reasoning in Contemporary China. *East Asia Cultures Critique.* 17, 537 – 566.

Silver, B. J. and Zhang, L. (2009). China as an Emerging Epicenter of World Labor Unrest. *China and the Transformation of Global Capitalism.* 174 – 187.

Silver, B. J. (2003). *Forces of Labor: Workers Movements and Globalization Since* 1870. Cambridge University Press.

Silverman, D. (1985). *Qualitative Methodology and Sociology: Describing the Social World.* Gower Publishing Company.

Smart, A. and Lin, G. C. (2007). Local Capitalisms, Local Citizenship and Translocality: Rescaling from Below in the Pearl River Delta Region, China. *International Journal of Urban and Regional Research.* 31, 280 – 302.

Smart, A. and Smart, J. (2001). Local Citizenship: Welfare Reform Urban/rural Status, and Exclusion in China. *Environment and Planning* (*series A*). 33, 1853 – 1869. Doi: https://doi.org/10.1068/a3454.

Smith, C. and Chan, J. (2015). Working for Two Bosses: Student Interns as Constrained Labour in China. *Human Relations.* 68, 305 – 326.

Smith, C. and Pun, N. (2006). The Dormitory Labour Regime in China as a Site for Control and Resistance. *The International Journal of Human Resource Management.* 17, 1456 – 1470.

Smith, C., Daskalaki, M., Elger, T. and Brown, D. (2004). Labour Turnover and Management Retention Strategies in New Manufacturing Plants. *The International Journal of Human Resource Management.* 15, 371 – 396.

Smith, C. (2003). Living at Work: Management Control and the Dormitory Labour System in China. *Asia Pacific Journal of Management.* 20, 333 – 358.

Soja, E. W. (1989). *Postmodern Geographies: The Reassertion of Space in Critical Social Theory.* Verso.

Solinger, D. J. (1999). *Contesting Citizenship in Urban China: Peasant Migrants, the State, and the Logic of the Market.* University of California Press.

Solinger, D. J. (2001). Why We Cannot Count the "Unemployed". *The China Quarterly.* 167, 671 – 688.

Solinger, D. J. (2002). Labour Market Reform and the Plight of the Laid-off Proletariat. *The China Quarterly.* 170, 304 – 326.

Solinger, D. (2003). State Transitions and Citizenship Shifts in

China. UC Irvine: *Center for the Study of Democracy.* Link: https://escholarship. org/uc/item/8vj015bz.

Soysal, Y. N. and Soyland, A. J. (1994). *Limits of Citizenship: Migrants and Postnational Membership in Europe.* University of Chicago Press.

Spivak, G. C. (1990). Gayatri Spivak on the Politics of the Subaltern, Interview by Howard Winant. *Socialist Review.* 20, 81 – 97.

Spivak, G. C. (1999). *A Critique of Postcolonial Reason: Toward a History of the Vanishing Present.* Harvard University Press.

Spivak, G. C. (2005). Scattered Speculations on the Subaltern and the Popular. *Postcolonial studies.* 8, 475 – 486.

Spivak, G. C. ([1988] 2003a). Can the Subaltern Speak? *Die Philosophin.* 14, 42 – 58. DOI: 10. 5840/philosophin2003142 75.

Spivak, G. C. ([1988] 2003b). Subaltern Studies: Deconstructing Historiography. *Deconstruction: Critical concepts in Literary and Cultural Studies* (Edited by Culler JD), 4, 220 – 244.

Strauss, A. and Corbin, J. (1990). *Basics of Qualitative Research.* Sage.

Strauss, A. and Corbin, J. (1997). *Grounded Theory in Practice.* Sage.

Strauss, A. and Corbin, J. (1998). *Basics of Qualitative Research Techniques.* Citeseer.

Su, H. (2020). Migrants Willingness of Urban Settlement and Relevant Impact Factors in China. *Chinese Journal of Popula-*

tion Science. 66 – 77.

Su, Y. （2011）. Student Workers in the Foxconn Empire: The Commodification of Education and Labor in China. *Journal of Workplace Rights.* 15.

Sun, M. and Fan, C. C. （2011）. China's Permanent and Temporary Migrants: Differentials and Changes, 1990 – 2000. *The Professional Geographer.* 63, 92 – 112.

Sun, W. and Guo, Y. （2012）. *Unequal China: The Political Economy and Cultural Politics of Inequality.* Taylor & Francis Group: London.

Sun, W. （2009）. Suzhi on the Move: Body, Place, and Power. *East Asia Cultures Critique.* 17, 617 – 642.

Sun, W. （2014）. *Subaltern China: Rural Migrants, Media, and Cultural Practices.* Rowman & Littlefield.

Tan, Y. （2020）. Temporary Migrants and Public Space: a Case Study of Dongguan, China. *Journal of Ethnic and Migration Studies.* 1 – 17.

Tang, B. and Tomba, L. （2013）. The Great Divide: Institutionalized Inequality in Market Socialism. *Unequal China: The Political Economy and Cultural Politics of Inequality, Routledge.*

Teijlingen, E. R. and Hundley, V. （2001）. The Importance of Pilot Studies. *Social Research Update.* Link: http://sru. soc. surrey. ac. uk/SRU35. html.

Thompson, E. P. （［1963］ 1991）. *The Making of the English Working Class.* Penguin.

Tilly, C. （1998）. *Durable Inequality.* University of California Press.

Tomba, L. (2009). Of Quality, Harmony, and Community: Civilization and the Middle Class in Urban China. *East Asia Cultures Critique.* 17, 591 – 616.

Traianou, A. (2014). The Centrality of Ethics in Qualitative Research. *The Oxford Handbook of Qualitative Research.* 1, 62 – 77. DOI: 10. 1093/OXFORDHB/9780199811755. 013. 028.

Tse, C. W. (2016). Urban Residents Prejudice and Integration of Rural Migrants into Urban China. *Journal of Contemporary China.* 25, 579 – 595.

Turner, B. S. (1993). Contemporary Problems in the Theory of Citizenship. *Citizenship and Social Theory.* 24, 1 – 18.

Turner, B. S. (2017). Contemporary Citizenship: Four Types. *Journal of Citizenship and Globalisation Studies.* 1 (1): 10 – 23.

Urquhart, C. (2012). *Grounded Theory for Qualitative Research: A Practical Guide.* Sage.

Urry, J. (1999). Globalization and Citizenship. *Journal of World-systems Research.* 310 – 324.

Valverde, M. (2010). Practices of Citizenship and Scales of Governance. *New Criminal Law Review.* 13, 216 – 240.

Wang, F. (2004). Reformed Migration Control and New Targeted People: China's hukou System in the 2000s. *The China Quarterly.* 115.

Wang, F. (2005). *Organizing Through Division and Exclusion: China's hukou System.* Stanford University Press.

Wang, F. (2010). Renovating the Great Floodgate: The Reform of Chinas Hukou System. *Two Societies: Rural-Urban Inequality in Contemporary China* (Edited by Whyte MK). Harvard University Press.

Wang, T. (2020). Rural Migrants in China: Barriers to Education and Citizenship. *Intercultural Education.* 31, 578 – 591.

Wang, W. W. and Fan, C. C. (2006). Success or Failure: Selectivity and Reasons of Return Migration in Sichuan and Anhui, China. *Environment and Planning A.* 38, 939 – 958.

Wang, W. W. and Fan, C. C. (2012). Migrant Workers' Integration in Urban China: Experiences in Employment, Social Adaptation, and Self-identity. *Eurasian Geography and Economics.* 53, 731 – 749.

Wang, Z. (2014). China's "Labour Shortage" and Migrant Workers' Lack of Social Security. *Int. Labour Rev.* 153, 649 – 658.

Whittemore, R. , Chase, S. K. and Mandle, C. L. (2001). Validity in Qualitative Research. *Qual. Health Res.* 11, 522 – 537. DOI: 10. 1177/104973201129119299.

Whyte, M. K. and Whyte, M. K. (2010). The Paradoxes of Rural-urban Inequality in Contemporary China. *One Country, Two Societies: Rural-urban Inequality in Contemporary China* (Edited by Whyte MK). Harvard University Press.

Whyte, M. K. (1996). City Versus Countryside in Chinas Development. *Problems of Post-Communism.* 43, 9 – 22.

Williams, R. (2014). *Keywords: A Vocabulary of Culture and Society.* Oxford University Press.

Willis, P. (1981). Cultural Production is Different from Cultural Reproduction is Different from Social Reproduction is Different from Reproduction. *Interchange*. 49 – 67.

Woodman, S. (2016). Local Politics, Local citizenship? Socialized Governance in Contemporary China. *The China Quarterly*. 226, 342 – 362.

Woodman, S. (2017). Legitimating Exclusion and Inclusion: "Culture", Education and Entitlement to Local Urban Citizenship in Tianjin and Lanzhou. *Citizenship Studies*. 21, 755 – 772.

Woodman, S. (2018). All Citizenship is Local: Using China to Rethink Local Citizenship. *Citizenship and Place: Case Studies on the Borders of Citizenship* (Edited by Lyon CM). Rowman & Littlefield Publishers. 253 – 284.

Woronov, T. E. (2004). In the Eye of the Chicken: Hierarchy and Marginality Among Beijings Migrant Schoolchildren. *Ethnography*. 5, 289 – 313.

Woronov, T. E. (2009). Governing China's Children: Governmentality and "Education for Quality". *East Asia Cultures Critique*. 17, 567 – 589.

Wright, T. (2019). *Handbook of Protest and Resistance in China*. Edward Elgar Publishing.

Wu, J. (2010). Rural Migrant Workers and Chinas Differential Citizenship: A Comparative Institutional Analysis. *One Country, Two Societies: Rural-urban Inequality in Contemporary China* (Edited by Whyte MK). Harvard University Press: 55 – 81.

Wu, X. and Treiman, D. J. (2004). The Household Registration System and Social Stratification in China: 1955 – 1996. *Demography*. 41, 363 – 384.

Xiang, B. （2004）. *Transcending Boundaries：Zhejiangcun：The Story of a Migrant Village in Beijing*. Brill.

Xiong, Y. （2015）. The Broken Ladder：Why Education Provides No Upward Mobility for Migrant Children in China. *The China Quarterly*. 161 – 184.

Xu, F. （2016）. Citizenship Institutions in Chinese Peasant-Workers Everyday Life：Toward a Theory of Citizenship Practice. *Journal of Chinese Political Science*, 21 （4）, pp. 453 – 468.

Yan, H. （2003）. Neoliberal Governmentality and Neohumanism：Organizing Suzhi/value Flow Through Labor Recruitment Networks. *Cultural Anthropology*. 18, 493 – 523.

Yan, H. （2006）. Self-development of Migrant Women and the Production of suzhi （quality）. as Surplus Value. *Everyday Modernity in China* （Edited by Dong and Goldstein）, University of Washington Press：227 – 259.

Yan, H. （2008）. *New Masters, New Servants：Migration, Development, and Women Workers in China*. Duke University Press.

Yan, Y. （2009）. *The Individualization of Chinese Society* （1st ed.）. Routledge. Link：https：//doi. org/10. 4324/9781003135623.

Yin, R. K. （2011）. Qualitative Research from Start to Finish. New York. Guilford Press.

Young, I. M. （1989）. Polity and Group Difference：A Critique of the Ideal of Universal Citizenship. *Ethics*. 99, 250 – 274.

Young, I. M. （1999）. Residential Segregation and Differentiated Citizenship. *Citizenship Studies*. 3, 237 – 252.

Young, I. M. （2020）. *Difference as a Resource for Democratic Com-*

munication. Routledge.

Young, J. (2013). *Chinas Hukou System.* Basingstoke: Palgrave Macmillan. DOI: 10, 9781137277312.

Young, A. J. (1997). I Think, Therefore I'm Motivated: The Relations Among Cognitivestrategy Use, Motivational Orientation and Classroom Perceptions Over Time. *Learning and Individual Differences.* 9, 249 – 283.

Yusuf, S. and Saich, A. (2008). *China Urbanizes: Consequences, Strategies, and Policies.* The World Bank.

Yuval-Davis, N. (1997). Women, Citizenship and Difference. *Feminist Review.* 57, 4 – 27.

Zayim, A. (2014). Differentiated Urban Citizenship and Housing Rights: Analysing the Social Impacts of Urban Redevelopment in Globalizing Istanbul. *International planning Studies.* 19, 268 – 291.

Zeuthen, J. W. and Griffiths, M. B. (2011). The End of Urban-rural Differentiation in China? Hukou and Resettlement in Chengdus Urban-rural Integration. *Politics and Markets in Rural China.* 218 – 232.

Zeuthen, J. W. (2020). Rescaling Chinas Rural-urban Frontier: Exception as Norm in the Access to Development. *China Information.* 34, 208 – 228.

Zhan, S. (2017). Hukou Reform and Land Politics in China: Rise of a Tripartite Alliance. *The China Journal.* 78, 25 – 49.

Zhang, C. (2018). Governing Neoliberal Authoritarian Citizenship: Theorizing hukou and the Changing Mobility Regime in

China. *Citizenship Studies.* 22, 855 – 881.

Zhang, D., Li, X. and Xue, J. (2015). Education Inequality between Rural and Urban Areas of the People's Republic of China, Migrants Children Education, and Some Implications. *Asian Development Review.* 32, 196 – 224.

Zhang, L. and Wang, G. (2010). Urban Citizenship of Rural Migrants in Reform-era China. *Citizenship Studies.* 14, 145 – 166.

Zhang, L. (2001). *Strangers in the City: Reconfigurations of Space, Power, and Social Networks within China's Floating Population.* Stanford University Press.

Zhang, L. (2011). The Political Economy of Informal Settlements in Post-socialist China: The Case of Chengzhongcun (s). *Geoforum.* 42, 473 – 483.

Zhang, L. (2012). Economic Migration and Urban Citizenship in China: The Role of Points Systems. *Population and Development Review.* 38, 503 – 533.

Zhang, L. (2014). *Inside China's Automobile Factories.* Cambridge University Press.

Zhang, L. (2019). Worker Protests and State Response in Present-day China: Trends, Characteristics, and New Developments, 2011 – 2016. *Handbook of Protest and Resistance in China* (Edited by Wright T)., Edward Elgar Publishing.

Zheng, S., Long, F., Fan, C. C. and Gu, Y. (2009). Urban Villages in China: A 2008 Survey of Migrant Settlements in Beijing. *Eurasian Geography and Economics.* 50, 425 – 446.

后　记

　　本书所呈现的大部分资料源于我在伦敦国王学院提交的博士学位论文，然而，在此需要澄清的是，这并不是一本英文博士学位论文的"翻译本"。首先，我投入不少心力在这本书的撰写上。除了一些章节是我的博士学位论文没有的外，我在这本书上花费的时间和精力也几近重写一部新作品。此外，研究结束以后，我在田野调查期间所结识的那些城乡移民朋友依然与我保持联系。这是一段非常奇妙的缘分，令我尤为动容的经历是，一些城乡移民朋友能在新冠疫情"全球大流行"之后依然慷慨地与我分享他们的生活点滴。于是，我在第一时间了解到此次疫情发生后，他们所在的电子厂是如何排除万难调动国内外供应链和劳动力以保持生产力的；在没办法外出打工的那段日子里，这些城乡移民朋友又是如何前所未有地收获了一段陪伴家人的时光——杀年猪、收庄稼、做年夜饭——田野中的人间烟火温暖着千里之外的我。他们这些生动的日常生活实践不断给予我新的启发，让我意识到城市空间与移民青年城市权益实践是一个有意义的、具有时空迁移性和延展性的研究方向。

　　本书的主要研究对象是城乡移民青年以及与其相关的其他社会主体。自改革开放以来，中国社会中的城乡移民群体发生了显著的新变化，每一次变化都与我们的制度、政策、社会经济大环境密切相关。正如我在开篇序言中所提及的，在全球化与城镇化时代，无论是求学还是"讨生活"，我们每一个人都会在倥偬生活中收获"异乡人"的体验。恰好，我的"异乡人"经历给予我观察城乡移民青年的新角度，最终酝酿出这项研究。过去人们认为城乡移民在城市经历各种排斥性的不公平待遇，但随着户籍制度的改革、城乡公共产品与社会服务均等化工作的深化，大城市住房成本增加、交通堵塞以及环境污染等"城市病"的出现，又让许多人认为"城市户籍"的红利锐减，"农村户籍"权益附加值反而增加了。这种观点看似合情合理，但也蕴藏着风险：移民社会经济地位显著提高的现实有可能会让我们忽略其中一部分人依然身处困境的事实。

在英国求学期间，我偶然看文献得知伦敦市的 Tower Hamlets 区域是全英格兰最为贫困的区域之一，该区域儿童贫困率更是全英最高。伦敦作为全球最为著名的金融中心之一，繁华之中却烙上全英最贫穷的一块伤疤，这未免有些令人意外。这提醒我：城市空间的复杂性、社会资源的不均质性，可能不是某个国家或某个群体独有的现象。于是，当返回我所熟悉的场域与群体中时，我时刻保持着警惕。或许，"好的没那么好，坏的没那么坏"才是真相，这需要我们一同保持热情，抛开偏见，投身到田野中去探索。

此外，我们需要意识到在互联网与人工智能高度发展的时代，"空间"是一个极具弹性的概念。网络平台的兴起以及相关产业的发展正在打破物理空间的壁垒，人工智能亦引发劳动力市场的变革，城乡移民未来将何去何从？这些社会新动向都给学界提供了开放式的命题，尤其预示着社会政策将成为一个与人类社会科技变革、社会文化、哲学思潮等紧密结合的交叉领域。在此，我必须承认本书只是对某个特定阶段的社会政策以及目标群体权益实践进行的解读，存在局限性。然而，书将付梓，今天的未尽之言也只能交给明天了。因此，这本书不是终点，而是起点，我在此抛砖引玉，期待学友们的批评指正。

张舒婷

2023 年 9 月

图书在版编目（CIP）数据

异乡人亦不同：时空视角下城乡移民青年城市权益
的差异性研究／张舒婷著. -- 北京：社会科学文献出
版社，2023.11（2025.2 重印）
（田野中国）
ISBN 978 - 7 - 5228 - 2668 - 4

Ⅰ. ①异… Ⅱ. ①张… Ⅲ. ①城市 - 移民 - 青年权力
- 研究 - 中国 Ⅳ. ①D922.74

中国国家版本馆 CIP 数据核字（2023）第 200635 号

田野中国

异乡人亦不同：时空视角下城乡移民青年城市权益的差异性研究

著　　者／张舒婷

出 版 人／冀祥德
责任编辑／孙　瑜　佟英磊
责任印制／王京美

出　　版／社会科学文献出版社·群学分社（010）59367002
　　　　　地址：北京市北三环中路甲 29 号院华龙大厦　邮编：100029
　　　　　网址：www.ssap.com.cn
发　　行／社会科学文献出版社（010）59367028
印　　装／唐山玺诚印务有限公司

规　　格／开　本：889mm×1194mm　1/32
　　　　　印　张：9.125　字　数：212 千字
版　　次／2023 年 11 月第 1 版　2025 年 2 月第 2 次印刷
书　　号／ISBN 978 - 7 - 5228 - 2668 - 4
定　　价／98.00 元

读者服务电话：4008918866

▲ 版权所有 翻印必究